경전

7첩 반상

KB191951

경전
7첩 반상

인류 최고 스승 7명이 말하는
삶의 맛

성소은

판미동

미망(迷妄)으로부터 진리로 나를 인도하소서.

어둠으로부터 빛으로 나를 인도하소서.

죽음으로부터 영원으로 나를 인도하소서.

『우파니샤드』

정갈한 한 상

삶이 무엇인가? 심리학자 칼 융에 의하면 인간은 3, 40대에 인생의 전기를 맞는다고 한다. 즉 지금까지 사회에서 씌워준 페르소나(가면)에 충실하게 살다가 드디어 가면 뒤에 숨은 나의 진면목이 무엇인가 모색하게 되는 '개인화 과정'을 밟는 시기라고 한다. 삶이 무엇인가를 진지하게 묻게 되는 때라는 뜻이다.

이 책의 저자는 30대 초반 삶의 의미를 찾아 치열하게 고민하지만 그때까지 몸담고 있던 근본주의 기독교에서 주는 해답에 만족하지 못했다. 30대 후반 그의 시야가 기독교의 경계를 넘어 불교로까지 넓어졌다. 그러면서 삶을 보는 눈이 달라졌다. 이런 경험은 저자가 얼마 전에 쓴 『선방에서 만난 하나님』에 생생하게 나타나 있다.

40대에 접어든 저자는 새로워진 눈으로 불교뿐 아니라 세계 종교의 '경전들'을 직접 심도 있게 들여다보기 시작했다. 삶의 깊이를 이해하는 첩경은 인간의 긴 역사 속에 축적된 종교들의 지혜를 접하는 것이라는 확신 때문이었다.

그렇다. 경전을 읽는 것은 더없이 중요한 일이다. 그러나 '경전을 읽는 것'은 단순히 경의 말씀을 문자적으로 받아들이는 것이 아니다. 그 경을 거울삼아 내 자신을 비추어 보는 것이다. 거울 속에 비친 내 모습을 보며 옷깃을 여미고, 홀가분한 기분으로 새로운 삶을 살아감이다. '이른바 경(經)을 경(鏡)삼아 경(輕)하게 되는 것'. 이런 식의 읽기를 두고 구태여 이름을 붙인다면 '환기적 독법'이라 할까.

저자는 그 경전들 중에서 대표적인 경전 7가지를 선별하고 그 가운데서도 특별히 의미 있는 부분을 천착하며 거기에서 맛본 것을 독자들과 나누려고 한다. 이른바 저자가 독자 앞에 차린 『경전 7첩 반상』이다.

정갈한 한 상이 고맙다. 독자들은 이렇게 7가지 무지개 색깔처럼 차려진 반상의 맛을 즐기면서 저자와 함께 자신들의 삶을 반추하게 될 것이다. 나아가 이 책을 통해 알게 된 경전들을 직접 찾아 읽음으로써 독자들의 삶이 더욱 풍요롭고 깊어지리라 믿는다.

오강남(캐나다 리자이나 대학교 비교종교학 명예교수,
지식협동조합 〈경계너머 아하!〉 이사장)

경전經을
거울鏡 삼아
삶을 가볍게輕 하다

최상의 진리를 성취하려 힘써 정진하고, 마음에 나태 없이 부지런히 살며, 확고한 정진을 지니고 견고한 힘을 갖추어, 무소의 뿔처럼 혼자서 가라. 홀로 앉아 선정을 버리지 말고, 모든 일에 항상 법답게 행하며, 존재들 가운데 위험을 똑바로 알아, 무소의 뿔처럼 혼자서 가라. 갈애를 없애기 위해서는 나태하지 말고, 바보가 되지 말고, 배우고 새김을 확립하고 가르침을 헤아려 단호히 정진하면서, 무소의 뿔처럼 혼자서 가라. 소리에 놀라지 않는 사자같이, 그물에 걸리지 않는 바람같이, 물에 때 묻지 않는 연꽃같이, 무소의 뿔처럼 혼자서 가라.

『숫타니파타』

예수께서 말씀하셨습니다. "여러분 바로 앞에 있는 것을 깨달으십

9

시오. 그러면 감추어졌던 것이 여러분에게 드러날 것입니다. 드러나지 않을 것은 하나도 없습니다. 묻혀진 것으로서 올라오지 않을 것은 하나도 없습니다."

『도마복음』

공자는 마흔을 두고 불혹(不惑)이라 했다. 기원전 6세기에나 해당하는 말이다. 이제는 평균 수명이 80을 넘어 100세 시대가 되었다. 마흔은 고작 평생의 절반을 살았거나 그에도 못 미치는 '어린' 나이다. 그래서인가 이 시대의 마흔들은 불혹은 고사하고 삶의 밑동이 휘청하는 대혹(大惑)의 세대가 되었다. 주어진 역할에 매몰되어 있다가 어느 순간 더는 전진도 후진도 할 수 없게 돼버린, 마흔은 막막한 지점에 이르게 된 우리들의 자화상과 마주하게 되는 때이다.

불안한 눈빛은 쉼 없이 무언가를 찾아 서성인다. 생의 좌표를 다시 점검하지 않을 수 없는 깊은 목마름은 물질만으로 해소될 수 없다. 풍요 속의 허기다. 인문에서, 인간이 축적해 놓은 지혜에서 답을 구할 수밖에 없는 연유다. 이제 다른 사람이 아닌 내 삶에 나다운 무늬를 새기고 윤기를 내야 할 때, 경전을 새로운 의미로 마주하기에 가장 좋은 순간이다.

인문은 고통과 위기에서 피어난 꽃이다. 정체를 알 수 없는 두려움과 혼란이야말로 가장 강력한 창조의 원동력 아닌가. 지금 나의 삶이 위태롭고 아프다면 여태껏 잊고 살았던 '나'라고 하는 꽃망울이 터져 나오려 하는 것일지 모른다. 여리게나마 움트기 시작한 내면의 생명을 가만히 들여다보는 일을 사유라 해도 좋고, 성찰이라 해도 좋다. 지금까지는 세상을 알고자 애쓰고 세상과 조화하고자 노력했다면, 이제는 나를 이해하고 나와 조화할 수 있는 능력이 필요한 시기에 들어선 것이다.

손자병법이 전하는 유명한 말이 있다. 지피지기 백전백승(知彼知己 百戰百勝). "적을 알고 나를 알면 백 번을 싸워도 백 번 이긴다."는 뜻으로 잘 알려진 이 말의 원문은 사실, 조금 다르다.

지피지기 백전불태

知彼知己 百戰不殆.

적을 알고 나를 알면 백 번을 싸워도 '위태롭지 않다.'

이 문장을 우리 내면에서 일어나는 전쟁에 적용하면 어떨까? '지금의 나'와 '바라는 나' 사이의 다툼이다. '적을 알고 나를 알면'이라는 말이 마치 내면에 존재하는 '두 개의 다른 나를 모두 알 수 있다면'으로 들린다. 서로 다른 '나'가 부딪히는 내면의 싸움, 그것이 비롯된 이유를 알면 삶은 더 이상 '위태롭지 않다.' 이를 위해 우리가 먼저 할 수 있는 것은 현자의 지혜를 빌리는 것이다. 그들의 목소리에서 길을 찾아 한 걸음 한 걸음 걸어가다 보면 '내 속의 다른 나'가 싸우지 않는 진정한 내적 평화에 이를 수 있지 않을까? 이것이 바로 우리가 고전, 나아가 경전을 읽는 이유다.

그런데 우리는 대부분 경전 하면 오로지 하나, '내 경전'만 있는 줄 안다. 이를테면 기독교인은 성경, 불교 신자는 금강경 식이다. 이쪽 사람이 저것을, 저쪽 사람이 이것을 만날 일은 거의 없다. 독선은 무관심과 편견, 무지를 낳는다. 너의 것만 모르는 것이 아니라 나의 것조차 올바르게 알 수 없다. 더구나 종교권력을 쥐고 있는 기득권자들에 의해 의도되고 탈색된 경의 껍질만 만지작거려서는 그 참뜻을 알기란 요원하다. 눈 감은 신앙으로는 경전에 숨은 속뜻을 알아차릴 수 없으며 새로운 깨달음을 얻을 수도 없기 때문이다.

짧게는 수백, 길게는 수천 년을 이어온 각 종교들은 저마다의 전통과 역사 속에 완성한 경전이 있다. 다양한 종교의 경전을 만나고 이해하는 것은 세상과 사람에 대한 이해를 넓히는 인문학의 바탕을 다지는 일이요, 나아가 '참된 나'를 체득하는 뛰어난 방편이다.

그래서 둘러앉았다. 2013년 늦가을 몇 사람이 모여 독송을 시작했다. 이름 하여 '종교 너머, 아하! 경계 너머, 아하!'를 지향하는 '일요경모임'[1]이다. 그 누구, 어디에도 의존하지 않은 채 오롯이 '나와 경'이 만나는 시간, 그것도 한쪽에 편향되지 않도록 여러 종교의 경전을 함께 읽고 묵상해 보자는 의도다.

시작은 『법구경』과 『도덕경』, 『요한복음』, 『바가바드기타』로 했다. 네 개의 경을 차례로 소리 내어 읽고, 가다듬고, 잠시 명상을 한다. 단순히 흐트러진 마음을 모아 읽고 새겼을 뿐인데 재미난 일들이 일어났다. 글자(文)를 소리(聲)로 불러내 속으로 만나니 파편처럼 작은 깨달음(覺)들이 움터 남의 말 아닌 내 언어로 '내 경전'을 고백하게 되는 게 아닌가!

그뿐만이 아니다. 다양한 경전들이 때론 한 뜻으로 꿰이기도 하고, 이 뜻을 알고 나니 저 뜻이 다가오고 빛을 비추듯 실로 중한 것이 무엇인지 선명해지곤 했다. 여러 경전을 만나는 기쁨은 예측할 수 없으며 헤아릴 수 없이 오묘한 것임을 알게 되었다. 이러한 경전 읽기의 황홀한 기쁨, 은혜와 가피를 더 많은 이들과 나누고 싶었다.

이 책『경전 7첩 반상』은 7가지의 경전으로 차린 생각밥상이자 마음밥상이다. 고기만 좋아하는 이, 야채만 고집하는 이, 혹은 안 먹어 본 음식은 절대 거들떠도 안 보는 이들에게 "한번 들어보시라." 그도 싫으면 "냄새라도 맡아보시라." 권하는 새 상차림이다. 요리한 이의 손맛은 자랑할 수 없지만 식재료만큼은 최고 중의 최고라 단언한다.

수많은 불교 경전 가운데 가장 초기에 이루어져 담박한 맛이 일품인『숫타니파타』, 동양 문헌 가운데 가장 먼저 읽어야 할 책으로 간주되고 있는『도덕경』, 기독교를 새로운 차원으로 이끄는 선두마차『도마복음』, 정치 · 경제 · 사회 모든 면에서 양 극단으로 치닫고 있는 우리 사회에 가장 결여되고 그래서 무엇보다 간절한 정신이기도 한 『중용』, 나뿐 아니라 너와 우리 모두의 대 자유를 추구하는 대승의 중추이자 한국불교의 소의(所依) 경전인 『금강경』, 인도를 넘어 세계의 고전이 된 『바가바드기타』, 그리고 자랑스럽게 우뚝 선 우리 종교 · 우리 정신 · 우리 철학, 동학 천도교의 『동경대전』이 그것이다.

음식은 정성이라 했나. 성근 손길이지만 경전의 참맛을 전하고자 하는 간절함은 시작부터 끝까지 한결같았다. 이 책은 지난 1년여 동안 일요일 아침을 함께한 '〈경계너머 아하!〉 일요경모임' 길벗들이 있어 완성할 수 있었다. 언제나 스승의 자리를 마다하고 낮은 자리에 함께 앉아 겸손한 고백의 말씀을 들려주신 오강남 선생님은 이 책의 초고도 꼼꼼히 살펴 주셨다. 대기업의 전쟁 같은 일과 속에서도 결석은 물론 지각도 한 번 없이 경모임의 기둥이 되어준 든든한 도반 정광선 님, 칠순을 넘긴 연세에도 진지한 학구열로 젊은이들의 게으름을 채찍질해 주신 최진구 님, 개성공단과 서울을 오가며 그야말로 '경계 너머'의 일상을 사시는 맹성근 님, 먼 길 마다않고 경모임에 마음소리를 더해 주신 들꽃전문가 류재권 선생님, 담 높은 종교를 넘어 무한한 자유를 향해 날갯짓하는 이영흠 아우님, 이미 자신의 경전을 말씀하시는 김소영 님, 매주 경모임에 성찰의 깊이를 더해 주신 김명석 님, 이 외에도 앞서거니 뒤서거니 일요경모임과의 인연에 향기를 더한 모든 경모임 길벗님들에게 감사드린다.

아울러 도서출판 판미동 대표 김세희 님과 이 책의 기획부터 산

고를 함께 해 준 강선영 님, 예쁜 디자인으로 멋을 더해 준 김다희 님의 노고도 빼놓을 수 없다.

이제 새로운 길벗들과의 만남을 기대하며 설렘 가득한 마음으로 『경전 7첩 반상』을 여러분 앞에 조심스레 펼친다. 이 책을 통해 여러 이웃들이 동서고금의 경전이 펼치는 진수성찬의 세계에 입성할 수 있다면 그것이야말로 위없는 기쁨이다. 부디 모두가 '참나'를 찾아 마음 튼튼한 이 되시기를 손 모으며……

2015년
녹명 성소은 모심

목차

나그네가 되십시오 **도마복음** THE GOSPEL OF THOMAS

간절함으로 스스로를 이루다 **중용** 中庸

어디에도 매이지 않는 마음으로 **금강경** 金剛經

나는 누구인가? **바가바드 기타** Bagavad Gita

사람이 곧 하늘이다 **동경대전**

THE GOSPEL

도마복음

나그네가 되십시오

of THOMAS

나는 삶을 살고 있는가, 대하고 있는가

예수께서 말씀하셨습니다. "여러분은 바로 앞에 있는 것을 깨달으십시오. 그러면 감추어졌던 것이 여러분에게 드러날 것입니다. 드러나지 않을 것은 하나도 없습니다. 묻혀진 것으로서 올라오지 않을 것은 하나도 없기 때문입니다."

『도마복음』 5절이다. 마치 자신의 운명을 예언하듯이 『도마복음』은 1600년간 땅 속에 묻혀 있다가 20세기에 이르러서야 그 모습을 드러냈다. 1945년 이집트의 나그함마디Nag Hammadi에서 발견된 이른바 '나그함마디 문서' 가운데 하나다.

『도마복음』은 성서에 포함된 4복음서(마태 · 마가 · 누가 · 요한)들과 일정 부분은 같은 내용을 담고 있으나 두 가지 측면에서는 전혀 다르다. 첫째, 예수의 행적이나 죽음, 부활에 대한 언급 없이 오직 예수의 말씀만으로 이루어져 있다. 이른바 114구절로 이루어진 예수의 어록인 셈이다. 둘째, 맹목적인 믿음이 아니라 일관되게 깨달음을 강조하고 있는데, 이것이야말로 『도마복음』의 특별한 가치다. 『도마복음』은 완전히 새로운 복음을 전하고 있다.

> "나를 추종하지 말고 나처럼 되라. 왜냐하면 인간은 누구나 하느님의 씨앗을 품고 있기 때문이다. 사람이 고통을 겪는 것은 죄 때문이 아니라 무지 때문이다. 진정한 자아를 아는 것이 곧 하느님을 아는 것이며, 자아와 신성은 동일하다."[1]

이 시대에 『도마복음』의 극적인 부활이 갖는 의미는 무엇일까? 소비와 쾌락의 쓰나미에서 빠져나와 존재의 참 의미를 되새겨 보라는 하늘의 명령은 아닐까. 그 비밀의 문은 이렇게 열린다.

> "이 말씀의 뜻을 올바르게 풀이하는 사람은 결코 죽음을 맛보지 아니할 것입니다."

구하는 사람

예수께서 말씀하셨습니다.

2 "추구하는 사람은 찾을 수 있을 때까지 계속해야 합니다. 찾으면 혼란스러워지고, 혼란스러워지면 놀랄 것입니다. 그런 후에야 그는 모든 것을 다스릴 수 있습니다."

3 "여러분의 지도자들은 여러분에게 '보라, 그 나라가 하늘에 있다.'고 하는데, 그렇다면 새들이 여러분들보다 먼저 거기에 가 있을 것입니다. 그들이 '그 나라가 바다에 있다.'고 하는데, 그렇다면 물고기들이 여러분들보다 먼저 거기에 가 있을 것입니다. 그 나라는 여러분 안에 있고, 또 여러분 밖에 있습니다."

22 예수께서 젖을 먹고 있는 아이들을 보시고 제자들에게 말씀하셨습니다. "이 젖 먹는 아이들이 하나님의 나라에 들어가는 이들과 같습니다." 제자들이 그에게 물었습니다. "그러면 우리가 아이들처럼 그 나라에 들어갈 수 있겠습니까?" 예수께서 말씀하셨습니다. "여러분이 둘을 하나로 하고, 안을 바깥처럼, 바깥을 안처럼 하고, 높은 것을 낮은 것처럼 하고, 암수를 하나로 하여 수컷은 수컷 같지 않고, 암컷은 암컷 같지 않게 하고, 새로운 눈을 가지고, 새로운 손을 가지고, 새로운 발을 가지고, 새로운 모양을 가지게 되면, 그

러면 여러분들은 그 나라에 들어갈 것입니다."

42 "나그네가 되십시오."

50 "그들이 여러분에게 어디서 왔느냐고 묻거든 그들에게 말하십
시오. '우리는 빛에서, 빛이 스스로 생겨나, 확고히 되고, 그들의 형
상으로 나타나게 된 그곳에서 왔다.'라고. 그들이 여러분에게 '그
것이 너희냐?' 하고 묻거든 이렇게 말하십시오. '우리는 그 〔빛의〕
자녀들로서, 살아 계신 아버지의 선택받은 사람들'이라고. 그들이
여러분에게 '너희 속에 있는 너희 아버지를 입증할 증거가 무엇이
냐?' 하고 묻거든 그들에게 말하십시오. '그것은 움직임과 쉼'이라
고."

94 "구하는 사람은 찾을 것입니다. (두드리는 사람에게는) 열릴 것
입니다."

113 그의 제자들이 예수께 말했습니다. "그 나라가 언제 올 것입니
까?" (예수께서 대답하셨습니다.) "그 나라는 기다린다고 오는 것이
아닙니다. '여기 있다.', '저기 있다.' 할 성질의 것이 아닙니다. 아버
지의 나라는 온 세상에 두루 퍼져 있어 사람들이 볼 수 없습니다.[2]

『도마복음』은 이렇게 시작한다.

"이것은 살아 계신 예수께서 말씀하시고 디두모 유다 도마가 받아 적은 비밀의 말씀들입니다."

겉장을 열자마자 '비밀의 말씀들'은 머뭇거림도 없이 폭탄처럼 터져 나온다. 1절에서 예수는 "이 말의 속뜻을 아는 사람은 죽지 않으리라."고 비장한 선언을 한다. 마치 전장에 나서는 전사 같다. 이어지는 2절은 어떤 이들에게는 위로가 되지만 또 다른 이들에게는 당혹스러울 수도 있다.

무엇이나 당연하게 여기는 마음에는 의문이나 새로운 이해가 들어설 자리가 없다. 물음을 갖고 그 답을 찾고자 발을 내딛을 때라야만 다른 차원의 경험을 할 수 있는 틈이 생기기 때문이다. 익숙한 것에서 뛰쳐나왔으니 처음 맞닥뜨리는 것은 혼란이요, 낯선 세상일 수밖에 없다. 놀라 움찔하기도 하고, 두려움에 웅크리게도 된다. 예수도 그러했나 보다. 우리의 이런 흔들림을 다 알고 있다는 듯 토닥이는 말씀으로 공감을 보여 주고 격려해 준다. 그런 혼란은 당연한 것이라고. 그렇다고 뒷걸음질을 하거나 포기해서는 안 되니 찾을 때까지 계속 정진하라는 당부도 잊지 않는다. 처음은 혼란이나 나중은 '모든 것을 다스릴 수 있는' 기쁨이 있다는 희망이다. 모든 것을 다스린다는 것은 아무것에도 구애받지 않는 대 자유이자 큰 안식이다. '구하는 사람'의 길 앞에 마련되어 있는 위대한 선물이다.

무엇을 구하는가? '그 나라'다. 『도마복음』은 그 나라가 지도자들이 말하는 것처럼 저 하늘 위에나 바다 속에 있지 않다는 비밀을 알려 준다. 그 나라는 새나 물고기들이 더 빨리 닿을 수 있는 물리적인 장소가 아니라는 말이다. 그러니 지도자들의 말에 속지 말라는 것이다.

도스토예프스키의 『카라마조프 가의 형제들』에 나오는 이야기처럼 성직자들은 참 예수와 진실이 필요한 것이 아니기 때문이다. 이야기에서 예수는 1800년 만에 베들레헴에 다시 왔다. '이제는 나를 알아볼 사람들이 많겠지.' 했는데, 예수를 믿는다고 큰소리치는 사람들은 물론 성직자들에게서까지도 보기 좋게 외면당하고 내쫓기고 만다. 사람들은 성직자를 믿지 예수를 믿지 않으며, 성직자들은 자신을 따르는 고분고분한 사람들에게 반체제적이고 반교회적인 예수를 알릴 수 없기 때문이다.

누가, 그리고 무엇이 믿음의 대상이 되어야 하는지를 곰곰이 자문하지 않을 수 없다. 믿는 이들이 추구하는 '그 나라'는 어디 있는가? 『도마복음』은 "그 나라는 여러분 안에 있고, 또 여러분 밖에 있다."고 알려준다. 어디 동떨어진 데가 아니라 바로 우리 안에 있으며 동시에 우리를 초월해 있다는 말이다. "하나님의 나라는 너희 안에 있다."는 『누가복음』(17:20)의 구절과도 일치한다. 권력을 독점하려고 하는 지도자들에게 휘둘리지 말고 손닿는 곳에 있을 '그 나라'를 스스로 찾아 들어가라는 당부이다.

그런데 그 나라는 '젖 먹는 아이들' 같아야 들어갈 수 있다고 한다. 여기서 '젖 먹는 아이들'이란 '둘을 하나로 하고', '안을 바깥처럼 바깥을 안처럼' 아는 사람을 뜻한다. 대상을 이분법적으로 나누고 분리하는 것이 아니라 서로 조화된 것으로 파악할 수 있는, 초이분법적 의식을 가진 사람이다. 이는 곧 주객을 초월한 '양극의 조화' 또는 '반대의 일치'를 볼 수 있는 경지를 의미한다.

그 나라는 이렇듯 '새로운 눈'을 가진 이들에게만 드러나고 실체가 열리는 전혀 다른 차원의 나라다. 한 곳에 집착하거나 하나만을 고집해서는 절대로 도달할 수 없다. 끊임없이 '새로운 손'이 되고, '새로운 발'이 되어 '새로운 모양'을 찾아 길을 떠날 수 있어야 한다.

그래서 예수는 말씀하신다. "나그네가 되십시오."라고. 『도마복음』에서 가장 짧은 절이다. 나그네가 되라는 것은 물리적으로 장소를 옮겨 다니는 떠돌이가 되라는 이야기가 아니다. 이 세상에 안주하지 말라는 것이다. 인습적이고 관습적인 사고에 빠져 있지 말고 새로운 차원의 열림과 깨달음을 향해 길을 떠나라는 말씀이다.

50절은 나그네가 된 자들의 새로운 정체성을 확인하는 과정이다. 새로운 신분으로 거듭난 이들을 향한 세상의 첫 물음은 "어디서 왔는가?"다. 『도마복음』은 거듭남을 알지 못하는 이들의 이런 물음에 주저하지 말고 '빛에서 온 빛의 자녀'임을 인정하라고 한다. '빛'은 우리 속에 있는 신적인 요소, 신성, 참나, 불성 같은 참 생명력이다. 일상적인 의식에서 벗어나 변화하고 고양된 순수의식을 가지게 되면 우리 속에 있는 그 '빛'을 체험할 수 있다. 일찍이 다석 유영모 선생이 강조했던 '몸의 나'에서 '얼의 나'로의 변화가 곧 그것이다.

이런 변화의 체험은 특정한 사람에게만 일어나는 유별한 일이 아니다. 구하는 사람은 찾게 되고, 두드리면 열리는 쉽고 정직한 이치다. 조건이 있다면 오직 앞서 '구하고, 두드려야' 한다는 것이다. 나그네가 되어 쉼 없이 구하고 찾는 이들에게 열리는 그 나라는 어떤 곳일까? 경이와 감사가 강물처럼 흐르는 곳 아닐까.

행복한 사람

18 제자들이 예수께 말했습니다. "우리에게 말씀해 주십시오. 끝이 어떻게 임할 것입니까?" 예수께서 말씀하셨습니다. "여러분은 시작을 찾았습니까? 그래서 이제 끝을 찾는 것입니까? 끝은 시작이 있는 곳에 있습니다. 시작에 서 있는 사람은 행복합니다. 그는 끝을 알고 죽음을 맛보지 않을 것입니다."

19 예수께서 말씀하셨습니다. "있기 전에 있는 사람은 행복합니다. 여러분이 나의 제자가 되어 내 말에 귀를 기울이면 이 돌들이 여러분을 섬길 것입니다. 여러분들을 위해 낙원에 준비된 다섯 그루 나무가 있습니다. 이것들은 여름이든 겨울이든 변하지 않고, 그 잎도 떨어지지 아니합니다. 이를 깨달은 사람은 죽음을 맛보지 않을 것

입니다."

49 "홀로이며 택함을 받은 이는 행복합니다. 나라를 찾을 것이기 때문입니다. 여러분은 그곳에서 와서 그곳으로 돌아갈 것입니다."
54 "가난한 사람들은 행복합니다. 하늘나라가 여러분의 것이기 때문입니다."

69 "그들 마음속에서 박해받는 사람은 행복합니다. 그들은 아버지를 진정으로 알게 되었습니다. 배고픈 사람은 행복합니다. 원하는 사람마다 그 배가 채워질 것이기 때문입니다."

107 "그 나라는 양 백 마리를 가지고 있는 목자와 같습니다. 무리 중 제일 큰 한 마리가 길을 잃었습니다. 목자는 아흔아홉 마리 양을 놓아 두고 그 한 마리를 찾으러 나갔습니다. 이런 어려움을 겪은 다음 그는 그 양에게 말했습니다. '나는 아흔아홉 마리보다 너를 귀히 여긴다.'고."

사람은 누구나 행복한 인생의 주인공이 되고자 애를 쓴다. 인간이 하는 온갖 종류의 몸짓은 모두 '행복'이라는 파트너와 하나가 되기 위한 적극적인 구애에 다름 아니다. 사람들이 추구하는 행복은 크게 두 가지로 나뉜다. 하나는 소유를 통한 행복이며, 다른 하나는 존재 그 자체에서 우러나오는 행복이다. 누구나 발가벗고 태어나지만 어떤 행복을 좇느냐에 따라 인생의 결과 향은 퍽이나 달라진다.

행복은 어디 있으며, 어떻게 해야 행복한 삶을 살 수 있을까 하는 물음에 수많은 책들이 '이게 답'이라며 손님을 끄는 상인들처럼 저마다 목청을 높인다. 그런데 이런 책들은 대개는 전능한 맘몬신(천민자본주의의 황금송아지)의 위력에 의존하거나 작심하고 노력하면 된다는 자기 계발 영역을 맴도는 경우가 많다.

그런데 『도마복음』은 전혀 다른 차원의 메시지를 전한다. 보통의 상식으로는 이해할 수 없을 뿐만 아니라 오히려 상식에 반하는 말들로 행복을 이야기한다. 『도마복음』이 말하는 행복한 사람은 시작에 서 있는 사람이며, 있기 전에 있는 사람이며, 가난한 사람이고, 홀로 있는 사람이며, 박해받는 사람, 길 잃은 사람이다.

끝이 어떻게 임할 것인가를 묻는 제자들의 질문에 예수는 "시작을 찾았는가?" 하고 되묻는다. 끝은 시작이 있는 곳에 있다고 힌트도 준다. 졸업과 입학이 맞물리고, 어두운 밤의 끝은 환한 아침을 물고 있으며, 이별이 새로운 만남을 향한 문이 되는 것을 보면 이해하기 어려운 말도 아니다. 어느 한쪽으로 기울지 말고 동전의 양면과 같은 삶의 동시성을 놓치지 말라는 의미 아닐까. 그리고 무엇보다 죽음을 맛보지 않을 곳을 향한 출발선에 발을 내디딘 자에 대한 무한한 축복이다.

이어서 19절에서는 '있기 전에 있는 사람'은 행복하다고 한다. '있기 전에 있다니 무슨 말인가. 물질적 존재로 '있는' 나를 가능하게 하는 원초적 근원, 비물질적 존재로서의 '있음'을 의미한다. 이는 신학자 폴 틸리히가 말하는 '존재의 바탕ground of being'이자, 류영모 선생의 '없이 계신 이'가 가리키는 지점이다. 그곳을 알고, 그곳에 서 있으므로, 있기 전에 있는 사람, 자기를 있게 하는 존재의 바탕과 하나가 된 사람은 일체 유정(有情)과 무정(無情)들에게 섬김을 받을 것이며, 낙원이 준비되어 있다고 한다. 사시사철 푸르른 상록수처럼 지지 않는 행복을 누리는 사람이라고 연거푸 강조한다.

또 다른 행복은 '홀로 있음'이다. 다코타 족 인디언 오히예사는 이렇게 말한다.

"진리는 홀로 있을 때 우리와 더 가까이 있다. 홀로 있음 속에서 보이지 않는 절대 존재와 대화하는 일이 인디언들에게는 가장 중요한 예배다. 자주 자연 속에 들어가 혼자 지내 본 사람이라면 홀로 있음 속에는 나날이 커져가는 기쁨이 있다는 것을 알 것이다. 그것은 삶의 본질과 맞닿는 즐거움이다."

홀로일 때 '있기 전에 있는' 그분과 만날 수 있다. 그와 하나가 될 때 인간은 그 누구, 그 어디에도 의존하지 않고 스스로 충만해질 수 있는 자유인이 된다. 미국의 신학자요 철학가인 랠프 월도 에머슨의 말처럼 신과 하나 된 사람은 신에게 구걸하지 않게 된다. 있기 전에 있는 존재, 신과 하나 되는 것은 곧 우리가 온 곳, 난 곳으로 돌아가는 것이다. 본향을 찾는 일이다.

이 여정은 지난한 자기와의 싸움이다. 더구나 현실세계에서는 이런 뜻을 품기는커녕 알지도 못하는 뭇 사람들의 질시와 비아냥이 뒤따른다. 마치 예수의 십자가 박해처럼. 하지만 '아바 아버지'를 만나는 진정한 기쁨을 알게 되면 이 모든 고난은 고난이 아니게 된다. 먹고 사는 일이 전부인 많은 무리들 속에서 비껴 나와 홀로 걸으면서도 두렵지 않고 행복하다. '길 잃은 양'은 오히려 목자의 각별한 보호와 인도를 받아 무리 가운데에서 유일하게 '길 찾은 양'이 된다. 아흔아홉 마리보다 귀한 한 마리의 양이 되는 것이다. 가장 행복한 양으로 거듭난다.

귀 있는 사람

예수께서 말씀하셨습니다.

8 "인간이란 자기 그물을 바다에 던져 바다에서 작은 물고기들을 잔뜩 잡아 올린 지혜로운 어부와 같습니다. 그 지혜로운 어부는 잡은 물고기들 중에서 좋고 큰 고기 한 마리를 찾아내고, 다시 나머지 작은 고기들을 모두 바다에 던졌습니다. 그런 식으로 큰 물고기들을 쉽게 골라낼 수 있었습니다. 여기 들을 귀 있는 자들은 잘 들

어야 합니다.

21 마리아가 예수께 말했습니다. "당신의 제자들은 무엇과 같습니까?" 예수께서 말씀하셨습니다. "그들은 자기 땅이 아닌 땅에서 노는 아이들과 같습니다. 땅 주인들이 와서 말하기를, '우리 땅을 되돌려 달라.' 하니, 그 어린아이들은 땅 주인이 있는 데서 자기들의 옷을 벗고 땅을 주인에게 되돌려 줍니다. 제가 말합니다. 만약 집 주인이 도둑이 올 것을 알면 그 주인은 도둑이 오기 전에 경계하여 그 도둑이 집에 들어와 소유물을 훔쳐가지 못하게 할 것입니다. 그러므로 여러분은 세상에 대해 경계하십시오. 힘있게 준비하여 도둑이 여러분 있는 곳에 들어가지 못하게 하십시오. 이것은 여러분이 예상하는 어려움이 닥칠 것이기 때문입니다. 여러분 중에 깨닫는 이가 있도록 하십시오. 곡식이 익어 거두는 자가 손에 낫을 가지고 속히 임하여 이를 거둘 것입니다. 두 귀가 밝은 사람들은 들으십시오."

63 "한 부자 농부가 있었습니다. 그 농부는 '나는 돈을 들여 씨를 뿌리고 거두고 심고, 내 소산물로 창고를 가득하게 하겠다. 그러면 내게는 모자랄 것이 없겠다.'라고 했습니다. 이런 계획이 있었지만 그 농부는 그날 밤 죽고 말았습니다. 귀 있는 자들은 들으십시오."

『도마복음』은 지천에 널린 푸성귀같이 흔하고 일상적인 먹을거리가 아니라 수십, 수백 년간 깊은 산중에 묻혀 있던 산삼 같은 보약이다. 오직 그 존재를 알아차릴 수 있는 사람에게만 향을 발하고 모습을 드러낸다. '감추어진 가르침esoteric teaching'이기 때문이다. 들을 귀가 있는 이들만이 그 뜻을 헤아려 알 수 있다. 다른 복음서와 마찬가지로 『도마복음』도 곳곳에 '귀 있는 사람'들에게 전하는 메시지를 남기고 있다. 귀를 기울여 본다.

첫째는 '지혜로운 어부'가 되라고 한다. 물고기를 무조건 많이 잡는 것이 중요한 것이 아니라 그 가운데 취할 것을 알고, 긴하지 않은 나머지 것들은 버릴 줄 아는 사람이야말로 지혜로운 어부다. 현실은 잡다한 일들로 가득 찬 그물과 같다. 진정 지혜로운 사람은 참된 것, 본질적인 것만 골라 담는다. 그러려면 우선 옥석을 가려 낼 수 있는 안목이 있어야 한다. 또, 취하고 버릴 수 있는 용기도 뒷받침되어야 한다.

다른 것을 다 버리더라도 결코 놓치지 말아야 할 '큰 물고기'는 어떤 것일까? 궁극의 관심을 어디에 두느냐에 따라 존귀하고 값진 물고기를 고를 수도 있고 하찮은 물고기를 고를 수도 있는 것이 우리 삶이다. 어떻게, 무엇을 선택해야 할까. 위의 두 구절(8, 21)은 그 답을 찾을 수 있는 숨은 그림이다.

둘째, 우리가 잔뜩 움켜쥐고 사는 이 세상은 사실 '우리 집'이 아님을 명심하라고 한다. 잠시 놀다 주인이 나가라고 하면 옷까지 벗어 놓고 비워 줘야 하는 남의 터라는 얘기다. 설령 놀이에 운이 따라 부자가 되었다 해도 집을 내주어야 하는 데는 차이가 없다. 주인은 도둑처럼 들이닥친다. 언제 우리 앞에 나타나 다 놓고 떠나라 선고할지는 누구도 알 수 없다. 오늘이 될지, 아니면 삼십 년 후가 될지 모를 일이다. 그러니 '세상에 대해 경계하고, 깨닫는 이가 있도록 하라.'고 엄중하게 경고하는 것이다.

셋째, 창고를 아무리 가득 채워도 죽음의 순간이 닥쳤을 땐 가져갈 수 없다고 역설한다. 삶 가운데 무엇이 진정으로 가치 있는 일일까 고민하지 않을 수 없다. 도둑처럼 임하는 죽음 앞에서 아쉬움 없이 챙겨 갈 수 있는 것은 무얼까? 은행 잔고와는 한참이나 무관해 보인다. 진정 가치 있는 일은 나라고 하는 작은 몸을 뛰어넘어 나를 있게 하는 세상, 동시대를 함께 살아가는 이들과의 관계를 알아차리는 일이다. 몸에 갇힌 나는 옹졸하고 만족을 모르는 욕심쟁이지만 울타리를 넘어선 곳에는 '또 다른 나', 무한한 지혜의 사람이 있다. 큰 물고기다.

몸에 의존하는 사람

예수께서 말씀하셨습니다.

27 "여러분이 이 세상 것들에 대해 금식하지 않으면 여러분은 나라를 찾을 수 없을 것입니다. 여러분이 안식을 안식일로 지키지 않으면 여러분은 아버지를 볼 수 없을 것입니다."

28 "나는 내가 설 곳을 세상으로 정하고, 육신으로 사람들에게 나타났습니다. 나는 그들이 취해 있음을 보았지만, 그 누구도 목말라하는 것을 보지 못하였습니다. 내 영혼은 이런 사람의 아들들로 인해 아파합니다. 이는 이들의 마음의 눈이 멀어 스스로 빈손으로 세상에 왔다가 빈손으로 스스로 세상을 떠나게 되는 것을 알지 못하기 때문입니다. 그러나 그들이 지금은 취해 있지만, 술에서 깨면 그들은 그들의 의식을 바꿀 것입니다."

87 "몸에 의존하는 몸은 얼마나 비참합니까? 이 둘에 의존하는 영혼은 또 얼마나 비참합니까?"

대중의 비자주성과 위선을 엄하게 비판한 덴마크의 실존철학자 키르케고르는 인간의 삶을 3단계로 구분했다. 쾌락을 추구하는 탐미적 단계와 윤리적 이상의 실현을 통해서 궁극적 만족을 얻고자 하는 윤리적 단계, 마지막으로 '신앙의 도약'을 통해 실존의 단계에 이르는 종교적 단계다.[3] 술 취하며 인생을 즐기는 쾌락을 인정하지만 그것은 어디까지나 '깨어남'이 전제된 일시적인 상태여야 한다는 것이다.

흔히들 "인생 뭐 있나 그냥 편하고 즐거우면 되지." 한다. 복잡하게 생각하고, 고민할 것 없이 그저 하루하루 즐기며 살라고 충고도 한다. 일견 맞는 말 같지만 『도마복음』에 비춰 보면 그게 다는 아닌 듯하다. 술 취한 즐거움이 영원할 수 있다면, 다음 날 타는 목마름과 두통으로 지난밤의 쾌락과는 다른 고통스러운 아침을 맞지 않는다면, 한 순간 내 몸의 즐거움만으로 충분하다. 하지만 찰나의 달콤함은 순식간에 연기처럼 사라지고 허무는 깊고 무겁게 쌓이기 마련이다. 그리고 이웃은 절망하고 있는데 정말 나만 즐거우면 되는 것일까 하는 물음도 남는다.

불가의 가장 오래된 지혜서인 『숫타니파타』는 이 세상에서 가장 으뜸가는 재산이 무엇이고, 가장 맛있는 것이 어떤 것이며, 어떻게 사는 것이 최상의 생활인가 하는 질문에 다음과 같이 답한다.

"이 세상에서 믿음이 사람에게 으뜸가는 재산이고, 가르침을 잘 추구하면 안락을 가져옵니다. 진실이 맛 중의 맛이며, 지혜롭게 사는 것이 최상의 생활이라 할 수 있습니다. 사람은 믿음으로써 거센 흐름을 건너고, 방일하지 않음으로 커다란 바다를 건넙니다. 정진으로 괴로움을 뛰어넘고, 지혜로 완전히 청정해집니다."

최상의 삶을 추구하는 수행자에게 건네는 세존의 말씀이다. 그 어디에도 쾌락으로 궁극의 행복과 구원에 이를 것이라는 말은 없다. 믿음과 방일하지 않음과 지혜가 으뜸가는 재산이라는 가르침이다.

『도마복음』의 예수는 금식하고 안식하라 한다. 여기서 말하는 금식이나 안식일을 지키는 것은 밥을 금하고, 토요일이나 일요일을 특별한 날로 지키는 것을 의미하지 않는다. '세상'을 굶으라는 얘기다. 술 취함은 물론이요, 욕망을 부추기는 세속적인 가치를 멀리하고, 무지와 어리석음으로 가득 찬 마음을 굶기라는 뜻이다. 『장자』에 나오는 마음 굶김, 심재(心齋)에 다름 아니다.

안식은 마음 금식으로 오는 편안한 상태이다. 우리 주위에는 '안식일을 지킨다.'는 의미를 무슨 일이 있어도 '반드시 교회에 나가야 한다.'는 율법적이고 형식주의적인 명령으로 오해하는 사람들이 많다. 마음에는 온갖 불만과 미움, 욕심을 가득 담은 채 교회만 가면 만사가 내가 원하는 대로 되리라는 믿음이 낳은 부작용이다.

안식일은 어딘가를 가는 날이 아니라 오히려 밖을 향해 나가려는 마음을 부여잡아 앉히는 날이다. 세상을 향해 치닫는 마음을 쉬고, 내 안의 더 큰 존재를 일깨우고, 더 큰 나라를 일구는 일깨움의 날이다.

에리히 프롬은 『소유냐 존재냐To Have or To Be』에서 안식일은 우리의 일상을 소유양식에서 존재양식으로 바꾸는 날이며, 우리가 소모자에서 창조자로 거듭나는 날이라고 설파한다. 취하고 갖고자 하는 마음을 포기하고, 순수한 있음에서 삶의 의미를 발견하는 것, 들숨과 날숨 사이에 있는 텅 빈 공간을 '있음'으로 가득 채우는 것이 참된 안식이다.

『안식일The Sabbath』의 저자 아브라함 조슈아 헤셸은 "소유는 우리의 억압된 감정의 상징"이라고 표현한다. 안식일은 우리가 시간과 다시 친해질 수 있도록, 뭔가를 생산해 내지 않고도 걱정하거나 후회하는 일 없이 오로지 하느님의 현존 속에 머물며 '지금'을 고맙게 여기고 즐거워하도록 마련된 것이다. 안식일은 '자신을 모으는 날'이다.[4]

이런 내면의 쉼이 일주일 중 특정 하루여야 할 이유는 없다. 마음을 쉬게 함으로써 의식의 도약을 연마하는 시간은 모두 안식일이며, 안식하는 시간, 금식하는 시간이다. 월요일이어도 좋고, 금요일이어도 상관없다. 어떤 요일이든 나의 일상 가운데 가장 적합한 날을 안식일로 쉬고, 하루 중에도 단 5분이든 10분이든 경쟁하는 마음, 욕심으로 치닫는 마음, 갈피를 잡지 못하고 둥둥 떠다니는 마음을 가라앉히고 다만 있음만으로 살아있음을, 그리고 살아있음의 의미를 깊이 음미하는 것이다. 이렇게 나를 찾는 것이야말로 아버지를 보는 것이며, 아버지를 만나는 것은 그 나라에 임하는 것이 된다. 소비와 소유로는 갈 수 없는 나라다.

"소유는 사용에 의해 감소될 수밖에 없는 것들을 바탕에 두고 있다. 하지만 지적 창조력이나 이성, 사랑 같은 존재적 가치는 실행하면 실행할수록 증대된다."

에리히 프롬의 말대로 존재는 안식을 통해서 확장된다. 능동적으로 금식하고, 안식을 실천하면 우리 삶에 근본적인 변화가 일어난다. 마치 술에서 깨어나듯 새로운 의식의 문이 열린다. 의식의 변화를 뜻하는 '메타노이아metanoia'의 체험이다. 좋고 싫음, 옳고 그름을 판단하는 이분법적 의식을 변화시켜 양극의 일치에 도달한 초이분법적 의식을 가진 주인이 되는 것이다. 몸에 의지하는 몸, 몸에 갇혀 있는 삶은 비참하고 가련하다. 나는 삶을 살고 있는가, 소비하고 있는가?

자기를 발견한 사람

예수께서 말씀하셨습니다.

23 "나는 여러분을 택하려는데, 천 명 중에서 한 명, 만 명 중에서 두 명입니다. 그들이 모두 홀로 설 것입니다."

33 "여러분의 귀로, 또한 다른 귀로 듣게 될 것을 지붕 위에서 외치십시오. 누구도 등불을 켜서 바구니 아래나 숨겨진 구석에 두지 않습니다. 오히려 등경 위에 두어 오가는 사람들이 모두 그 빛을 보게 할 것입니다."

67 "모든 것을 다 아는 사람도 자기를 모르면 아무것도 모르는 사람입니다."

77 "나는 모든 것 위에 있는 빛입니다. 내가 모든 것입니다. 모든 것이 나로부터 나왔고 모든 것이 나에게로 돌아옵니다. 통나무를 쪼개십시오. 거기에 내가 있습니다. 돌을 드십시오. 거기서 나를 볼 것입니다."

111 "하늘과 땅이 여러분 보는 데서 말려 올라갈 것입니다. 살아 계신 분으로 인해 사는 사람은 죽음을 보지 않을 것입니다." 예수께서 말씀하시지 않았습니까? "자기를 발견한 사람에게 세상은 중요하지 않습니다."

『도마복음』이 무엇을 말하려고 하는지, 다른 복음서와 어떻게 다른지 확연하게 보여주는 구절들이다. 무작정 "나를 믿어라."거나 "나를 따르라."는 말은 없다. 대신 예수는 '내'가 아닌 '너 자신'을 발견하고, '너 자신'을 알라고 거듭거듭 말하고 있다. "모든 것을 다 알아도 자기를 모르면 아무것도 모르는 사람"이라고 하면서. 『누가복음』에도 유사한 내용이 있다.

"사람이 만일 온 천하를 얻고도 자기를 잃든지 빼앗기든지 하면

무엇이 유익하리요."(눅9:25)

내 안에 답이 있다. 내가 길이요, 진리요, 생명이라는 예수의 깨달음이 각 사람에게서 피어나야 한다는 말이다.

우리는 지금 정보화시대에 산다. 참인지 거짓인지 분간하기조차 어려운 수많은 정보들이 밀물처럼 몰려왔다 썰물처럼 빠져나간다. 하루만 지나면 쓸모없는 휴지조각으로 전락해 버리는 지식들을 쓸어 담느라 너 나 할 것 없이 분주하다. 하지만 이런 노력은 아무리 기를 쓰고 해봤자 폐기처분되는 정보들만큼이나 허망하다. 물질 세상에 대한 이해는 커지는 반면 정작 그 세상을 살아가는 자신에 대해서는 무지를 면치 못하기 때문이다.

세상이 아무리 현란하고 웅장해 보여도 주인공은 그 어떤 이도 아닌 나다. 내가 없으면 다 무용지물일 뿐이다. 내가 중심에 서 있고 내가 의미를 부여할 때에야 세상의 모든 것이 살아 움직이기 시작한다. 내가 누구이며 세상을 보는 나의 시점이 어떤가에 따라 세상은 있기도 하며 없기도 하다. 낙원이 되기도 하고 괴로운 불구덩이가 되기도 한다. 이런 세상에 나는 왜 던져졌는가? 나는 누구인가? 나는 어디로 가고 있는가? 정녕 내가 해야 할 일은 무엇인가? 이런 물음은 갈피를 잡을 수 없을 만큼 복잡한 세상에서 올바른 방향을 안내하는 나침반이다. 무지의 강물을 거슬러 전진할 수 있게 해 주는 노가 된다.

나는 누구인가?

기원전에 탄생한 또 다른 지혜의 서『우파니샤드』는 '나'를 찾는
이들을 친절하게 안내한다. 진짜 나는 내 심장 속에 살고 있는 '지각
하는 자', '듣는 자', '보는 자' 이니, 『우파니샤드』라는 위대한 무기
를 활로 삼고, 명상으로 잘 다듬은 화살을 잡아 브라만을 향해 힘껏
활시위를 당겨라.[5] 존재의 바탕이 되는 브라만을 적중할 때 나의 진
면목이 드러나게 된다.

그런데 자기를 찾는 이는 '천 명 중에 한 명, 만 명 중에 두 명'이
라고 한다. 2000년 전의 일이다. 크고 넓은 문이 아니라 '좁은 문'
으로 들어가는 이들이 이토록 귀하다는 말이다. 하지만 인터넷 공
간이 열린 지금은 문 자체가 허물어진 세상이다. 자판을 두드리기
만 하면 순식간에 다른 세상이 펼쳐진다. 천 명 중에 백 명, 만 명 중
에 이백 명, 삼백 명, 아니 그 이상이라도 원한다면 누구나 참된 나
에 다가갈 수 있다. 도로테 죌레가 『신비와 저항Mistik und Widerstand』에서
주장한 '신비주의의 민주화democratization of mysticism' 시대가 이미 도래한
것이다.

흔히 사랑은 숨길 수 없다고 한다. 저절로 흘러나오는 미소와 환
한 얼굴빛 때문이리라. 자기의 한계를 넘어 무한한 자기의 빛을 본
사람들은 스스로 다른 이들의 무명을 비추는 빛이 되어야 한다. '등
경 위'에 두어 기쁨과 자유의 소식을 나누어야 한다.

"나는 모든 것 위에 있는 빛입니다. 내가 모든 것입니다. 모든 것이 나로부터 나왔고 모든 것이 나에게로 돌아옵니다. 통나무를 쪼개십시오. 거기에 내가 있습니다. 돌을 드십시오. 거기서 나를 볼 것입니다."라는 예수의 고백이 내 고백이 되고, 또 다른 이의 고백이 되게 해야 한다.

확장된 나는 빛이자I am the light, 어디든지 있으며I am everywhere, 전부가 된다I am all. 자연도 예외가 아니다I am found in nature6). 이러한데 죽음이나 세상일 따위가 문제 될 것이 없다. 『도마복음』은 이처럼 우리의 정체성을 새롭게 규정하는 생명의 복음, 거듭남의 복음이다.

나그네가
되십시오

二

중용

간절함으로 스스로를 이루다

道는
사람에게서
멀지 않지 아니하다

『중용』은『논어』,『맹자』,『대학』과 더불어 사서로 일컬어지는 유교의 경전이다. 본래『대학』과 함께『예기』에 포함되어 있던 것을 송대 유학자 주희가 분리해 가다듬었다. 저자와 편찬 시기는 여전히 논란이 되고 있으나, 공자의 손자인 자사의 저작이라는 것이 통설이다.

『중용』은 전체 33장으로 되어 있다. 전반부에서는 주로 중용 또는 중화(中和) 사상을 말하고, 후반부에서는 성(誠)에 대해 설명하고 있다. '중(中)'이란 한쪽으로 치우치지 않고 기울어지지 않으며, 지나침도 미치지 못함도 없는 것을 일컫고, '용(庸)'이란 떳떳함, 즉 '평상(平常)'을 뜻한다. 달리 말하면 중은 희로애락의 감정이 발로되기 이전의 순수한 마음 상태이며, 마음이 발해 모두 절도에 맞는 것이 화(和)다. '성'은 우주 만물이 운행되는 원리이다. 그 원리는 하늘과 땅, 그리고 사람에 이르기까지 하나로 꿰뚫는다. 그래서 "성은 하늘의 도이고, 성 되려는 것은 사람의 도"라고 한다.[1]

『중용』은 하늘과 사람의 바탕을 깨치게 하는 심학(心學)이다. 이전의 유학과는 달리 개인의 내면세계를 해석하는 철학적인 사유로 일관된다. 낡고 통속적인 일상 속에서, 아무런 보상도 기대도 없이 올리는 '자신을 향한 예배'[2]라고 할까. 바로 이 점이 『중용』이 『대학』과 더불어 유학의 강령이자 신유학을 올바로 이해하는 열쇠가 될 수 있는 이유다.

이런 가치에도 불구하고 우리 사회에서 『중용』은 그동안 『논어』나 『맹자』에 비해 주목받지 못했던 것이 사실이다. 연전에 도올 김용옥이 '중용, 인간의 맛'이라는 제목으로 진행한 교육방송 특강은 여러 면에서 기억할 만하다. 『중용』의 숭고한 철학과 진가를 알리는 역할을 했을 뿐 아니라 대중적 관심을 불러일으키는 중요한 계기가 되었기 때문이다.

이 책 『경전 7첩 반상』에는 유교철학의 뼈대가 되는 제1장 「천명(天命)」에 담긴 홀로 있음(愼獨)과 제3장 「능구(能久)」에 나오는 지속하는 힘(能久), 제4장 「지미(知味)」에서 말하는 삶의 맛을 앎(知味), 제13장 입장을 바꿔 생각함(忠恕), 제26장 쉼 없는 간절함(至誠無息)을 정성으로 올린다.

愼獨　홀로 있음

천(天)이 명(命)하는 것, 그것을 일컬어 성(性)이라 하고, 성을 따르는 것, 그것을 일컬어 도(道)라 하고, 도를 닦는 것, 그것을 일컬어 교(敎)라고 한다.

도(道)라는 것은 잠시라도 떠날 수 없는 것이다. 도가 만약 떠날 수 있는 것이라면 그것은 도가 아니다. 그러므로 군자(君子)는 보이지 않는 데서 계신(戒愼)하고, 들리지 않는 데서 공구(恐懼)한다.

숨은 것처럼 잘 드러나는 것이 없으며, 미세한 것처럼 잘 나타나는 것이 없다. 그러므로 군자는 그 홀로 있음(獨)을 삼가는(愼) 것이다.

희로애락(喜怒哀樂)이 아직 발현되지 않은 상태를 중(中)이라 일컫고, 그것이 발현되어 상황의 절도(節)에 들어맞는 것을 화(和)라고 일컫는다. 중(中)이라는 것은 천하(天下)의 큰 근본(大本)이요, 화(和)하는 것은 천하 사람들이 달성해야만 할 길(達道)이다.

중(中)과 화(和)를 지극한 경지에까지 밀고 나가면, 천(天)과 지(地)가 바르게 자리를 잡을 수 있고, 그 사이에 있는 만물(萬物)이 잘 자라나게 된다.[3]

『중용』의 머리라 할 수 있는 제1장 「천명」의 전문이다. 시작부터 장엄하다. 만물의 주재자 하늘(天), 타고난 본성(性), 살아가면서 지켜야 할 올바른 도리(道), 그런 바른 도리를 지키기 위한 노력(敎)을 논하고 있다. 이런 철학적인 사유는 이전 유학에서는 그다지 중시되지 않았던 것들이다.[4] 아직은 『중용』이 무엇을 말하려는지 또렷하지 않지만 무언가 그윽한 세계로 향하는 길목에 들어선 느낌이다. 우선 '중용'이 무엇을 뜻하는 것인지 귀를 기울여 본다. 스승인 정자의 말을 인용한 주희의 목소리다.

"『중용』의 뜻에 대해서 정자께서는 다음과 같이 말씀하셨다. 어느 편으로도 치우치지 않고 꼭 알맞은 것이 '중(中)'이며, 언제나 변함없이 일정하고 바른 것이 '용(庸)'이다. 그러므로 '중'이란 사람이 살아가는 데 필요한 올바른 도이고, '용'이란 사람이 살아가는 데 지켜야만 할 일정한 원리인 것이다. 이 『중용』이라는 글은 유가들 사이에 오랫동안 전하여 내려온 사람들의 마음을 다스리는 방법에 대하여 쓰여 있는 책이다. 자사는 이러한 『중용』의 가르침이 시대가 흘러감에 따라 본뜻으로부터 어긋나게 될까 걱정이 되어 이 책을 지으셨다. 그 기본이 되는 이 『중용』을 맹자에게 전하셨다. 『중용』은 세상의 기본이 되는 한 가지 원리로부터 설명을 시작하여, 나중에는 세상의 모든 일에 그 원리를 적용시키고 다시 세상의 모든 현상을 한 가지 원리로 귀납시키고 있다. 『중용』의 원리는 크게 보면 온 우주에 가득 차 있고, 작게 보면 세상에서 가장 작은 어떤 물건

속에도 그것이 숨겨져 있는 것이다. 『중용』의 오묘함은 한이 없으며, 또한 그것은 사람들의 실생활에 언제나 쓰이고 있는 학문인 것이다. 이것을 잘 읽어 음미하고 연구한다면 『중용』은 그에게 무한한 이익을 안겨줄 것이다."5)

흔히 한쪽에 치우치지 않고 중간 입장을 견지하라는 의미로 "중용을 지켜야 한다."는 말을 쓰곤 한다. 엄밀하게 말해 이것은 중용을 반만 이해했거나 혹은 잘못 알고 있는 것이다. 중이란 직선의 가운데가 아니라 어떤 것 하나에 치우치지 않는 원융한 구심점 같은 것이기 때문이다. 경전 스스로 풀이하고 있듯이 중은 기쁨, 노여움, 슬픔, 즐거움 같은 정(情)에 기우뚱해 있지 않은 상태를 말한다. 더 적극적으로는 이러한 정들이 '동적 평형(動的平衡, dynamic equilibrium)'을 이루고 있는 원초적인 상태를 뜻한다.6)

서울에서 부산 가는 길을 예로 들어 생각해볼 수 있다. 중이란 서울에서 부산의 중간쯤 되는 대구에 멈추는 것이 아니다. 그렇다고 부산을 지나쳐 제주도로 가는 것도 아니다. 정확히 부산에 가는 것이다. 적중이다. 때와 장소, 상황에 따른 '정확한 행동right action'이 중용이 가리키는 중의 의미이다.

감정이 알맞게 발현되는 것을 화(和)라고 하는데 이런 중화(中和)야말로 인간의 삶을 도(道)답게 하는 근본이다. 중과 화를 달성하면(致中和), 하늘과 땅이 바르게 자라고(天地位焉), 만물이 잘 자라난다(萬物育焉). 이처럼 중용은 천지대자연의 성품(性)에 대한 예찬과 함께 그와 더불어 살아가는 인간의 책임을 극도로 강조하고 있다.

천지만물이 바르게 자라기 위해서는 자연에 속한 인간의 몫이 필요하다. 인간의 책임은 무얼까? 울어야 할 때 울 수 있고, 기쁠 때 마음껏 기뻐할 줄 알며, 분노해야 할 때 대의를 위해 나설 줄 알며, 참아야 할 때 소처럼 묵묵히 견딜 수 있는 정(情)의 조화, 균형을 이룰 수 있는 능력이다. 자연과의 조화보다 내 편안함이 먼저이기 십상인 인간이 이런 상태에 이르기란 결코 쉬운 일이 아니다. 그래서 중용은 첫 장에서 신독을 강조한다.

보이지 않는 곳에서 경계하고 삼가며, 들리지 않는 곳에서 두려워하는 이야말로 군자라고 한다. 홀로 있을 때 삼가야 한다는 것이다. 홀로 있음을 통해 몸을 단련하고 정신을 심화하는 것이 수신이다. 도올은 "수신이란 곧 내 몸속에서 하나님을 배양하는 것이며, 하나님을 닦는 것이다. 하나님은 몸속에서 완성되어 가는 그 무엇이다. 하나님은 고정된 존재가 아니고 끊임없이 생성되어 가는 과정이다."[7]고 말한다. 고독의 승화다.

고독 속에서 만날 수 있는 '그분'으로 인해 나의 존재는 깊어지고, 홀로 있음에 삼갈 수 있으며, 두려움을 거둘 수 있다. 그래서 신독은 고독이지만 폐쇄가 아닌 개방이 된다. 고독의 심연에서 하느님을 끊임없이 개방적으로 해후하는 것이다.[8] 신독이란 내 존재의 모든 행위에 대하여 나 홀로 책임지는 것을 뜻한다. 끊임없는 주체의 심화를 통해 성인이 되는(爲聖) 길이며, 수신하는 길이다. 신독을 통해 인간과 우주의 조화를 달성하는 것, 그것이 삶이다.

『중용』의 시작에서도 알 수 있듯이 유교는 천지자연에 대한 인간의 책임을 강조한다. 인간은 천명의 성품을 따르도록 지어진 존재다. 따라서 인간답게 존재하기 위해서는 천명의 성품을 따라야 한다. 성을 따르는 것(率性)이 곧 도이다. 어떻게? 수신하는 배움을 통해서.

현대를 살아가는 우리들에게 중용이 더욱 간절한 것은 인간의 어리석음이 양산해 내는 극심한 혼란을 풀어 나갈 수 있는 지침이 될 수 있기 때문이다. 삶의 마디마디에서 천명인 성(性)을 알아차릴 수 있다면 현실은 '중용'으로 발현할 것이다. 큰 조화를 이루기 위해서는 나 홀로 먼저 조화를 이루어내야 한다. 신독이다.

能久 지속하는 힘

공자께서 말씀하시었다.

"중용이여, 참으로 지극하도다! 아 사람들이 거의 그 지극한 중용의 덕을 지속적으로 실천하지 못하는구나!"

총론을 지나 제3장 「능구」에서는 공자의 말씀이 본격적으로 시작된다. 조선시대에는 이 장의 능(能)자와 구(久)자에 대한 해석의 차

이로 말썽이 빚어지기도 했다. 그러다 다산 정약용의 용기 있는 발언에 의해 지금의 해석으로 안착하게 되었다. 이른바 '(중용에) 능하지 못한 지가 오래되었다.'는 주희의 해석을 잘못된 것으로 정리하고, '오래 지속하기 어려움'을 환기하는 힘 있는 경문이 된 것이다. 원전을 다시 새겨 본다.

자왈, 중용기지의호 민선능구의.
子曰, 中庸其至矣乎 民鮮能久矣

이 글은 오래도록 지속하지 못하는 안타까움의 발로로 이해된다. 이렇게 새길 때라야 중용이 주는 교훈이 개인의 지속적인 성찰을 독려하는 것으로 한결 의미 있게 전해지기 때문이다. '오랠 구(久)'는 지속이며, '능구'는 지속 가능함이다. 삶의 기준은 불변함이나 영원함이 아니라 지속에 있다는 뜻이다. 변화가 중요한 것이 아니라 지속 가능한지 여부가 관건이라는 말이다. 지속 가능할 때 새로운 차원의 가능성이 열리고, 새 역사가 창출된다. 앞서 언급한 특강에서 도올은 사랑을 예로 들어 이를 설명했다.

"변하지 않는 사랑은 없다. '지속되는 사랑'이 있을 뿐이다."라고. 이어 그는 "지속은 존재의 연결고리다. 그리고 그것은 역사의 존중이다."라고 말했다.

무슨 일이든 꾸준히 지속할 때라야만 성과가 나타난다는 것은 더 이상 설명이 필요없다. 작은 구멍가게조차 적어도 2년은 버텨야 자리가 잡힌다고들 한다. 외국어 하나를 익히려 해도 끈기 있게 계속하지 않고서는 늘 제자리걸음이기 일쑤다. 몸으로 익히는 수련이나 정신을 고양하는 학문 등 닦고 기르는 모든 공부는 멈춤이 없는 지속을 전제하고 있다. 시간의 축적, 지속적인 실천 없이 이룰 수 있는 일은 거의 없다.

심리학자이자 프로 마술사로 유명한 리처드 와이즈먼에 의하면 소위 '작심 3일'의 고비를 넘기는 사람은 전체의 10퍼센트에 불과하고, 나머지 90퍼센트의 사람들은 모두 3일이라는 돌부리에 걸려 넘어지고 만다고 한다. 실패의 이유는 다양하지만 흥미롭게도 실패하는 사람에게는 한 가지 공통점이 있다. 너무 많거나 거창한 목표를 설정한다는 것이다. 정치가들이 선거를 앞두고는 마치 둘도 없는 신천지를 창조할 것같이 수많은 공약들을 쏟아내지만 정작 당선이 되고 나면 대부분 흔적도 없이 꼬리를 감추는 현상과 유사하다. 매년 반복하는 새해 결심도 이와 같다는 얘기다. 너무 많은 작심, 너무 많은 목표 설정으로 결국 한 가지도 제대로 달성할 수 없는 오류에 빠지게 된다는 지적이다. 선택과 집중이라는 궤도에서 이탈한 결과다.

한때 '1만 시간의 비밀'이 회자된 바 있다. 누구든지 어떤 일에 1만 시간을 할애하면 그 분야에서 일가를 이루게 된다는 말이다. 소위 달인이 되는 비결이다. 1만 시간이라면 하루에 세 시간씩 10년을 꾸준히 해야 한다. 피겨의 여왕으로 불리는 김연아 선수도 하루에 6번

씩, 1년이면 1800번을 넘어져 가며 연습을 했다니 이것은 비밀이기보다 어찌 보면 당연한 공식일지도 모른다. 다만 누군가는 오래 지속하고 누구는 몇 번 해 보고 만다는 단순한 차이다.

반복과 지속으로 형성되는 '후천적인 자연'이 우리 삶을 쥐락펴락하며 희비의 쌍곡선을 그린다. 습관의 힘이다. 행동뿐만 아니라 사고도 습관에서 자유롭지 못하다. 편견, 선입견 등이 그 예다. 저마다 끼고 있는 색안경은 눈에 보이는 모든 것들에 색을 덧입힌다. 우리가 보는 현상은 있는 그대로가 아니다. 엉뚱한 색을 띨 수밖에 없다. 그런데도 보이는 게 다인 양 철석같이 믿고, 고집한다. 자연을 자연스럽게 보고, 자연인으로서 자연스럽게 살기 위해서는 본질을 흐리는 '색안경'을 벗어던지는 지속적 노력이 필요하다. 그것이 공부요 수신이자 수행이며 능구다.

군자존도이행 반도이폐

君子遵道而行 半塗而廢

군자는 정도의 길을 걸어갈 뿐 중도에 그만두는 일이 없다.

중용 11장은 지속적 실천의 중요성을 다시 강조한다. 범인이 하루아침에 군자가 될 수는 없는 노릇이다. 그렇다고 1만 시간을 목표로 정해야 한다면 발걸음을 떼기도 전에 기가 질릴 판이다. 달콤한 내일을 위해 오늘이 쓴맛이어야 하는 것도 탐탁지 않다. 내일이 아니라 오늘 미소 짓고 싶다. 그러면서도 1년 후, 10년 후의 내 모습을 그릴 수 있으려면 어떻게 하면 좋을까?

중도에 포기하기 십상인 먼 길을 기약하기보다 내 보폭으로 갈 수 있는 오늘의 걸음걸음에 자족하며 가는 것이다. 갈 수 있는 만큼 걸어가면서 온 만큼의 성취감을 만끽해 보면 어떨까? 그러면 그 여정이 인고의 세월이 아니라 작은 성취의 기쁨을 경험하면서 가는 행복한 여행이 될 것이다. 스스로 흡족한 나를 마주하는 것이야말로 매일 성공하는 일이며, 매일 온전한 내가 되는 것이다.

오늘은 1만 시간을 견디기 위한 인고의 삶이 아니라 1만분의 1만큼의 결실을 누리는 날이다. 조급함은 걷어지고 느긋함과 여유가 차오르는 즐거운 여정이다.

중용에 다가가는 길에 '능사(能事)'는 없다. 오직 '능구(能久)'만 있다.

知味 **삶의 맛을 앎**

공자께서 말씀하시었다.

"도(道)가 왜 행하여지고 있지 않은지, 나는 알고 있도다. 지혜롭다 하는 자들은 도를 넘어서서 치달려 가려고만 하고, 어리석은 자들은 마음이 천한 데로 쏠려 미치지 못한다.

도(道)가 왜 이 세상을 밝게 만들지 못하고 있는지, 나는 알고 있도다. 현명한 자들은 분수를 넘어가기를 잘하고 불초(不肖)한 자들은 아예 못 미치고 만다.

사람이라면 누구든 마시고 먹지 않는 자는 없다. 그러나 맛을 제대로 아는 이는 드물다."

『중용』의 33개 장에서 주제가 되는 장이라 여겨지는 장 다섯 개를 추렸는데 그 중에 세 개가 초장에 줄지어 있다. 총론이라 할 수 있는 제1장 「천명」, 제3장 「능구」에 이어 제4장 「지미」가 그것이다. 유가의 가르침이 그렇듯 『중용』은 관념에 머물지 않는다. 시작부터 현실세계, 온갖 이전투구가 난무하는 저자거리에서 실천할 수 있는 구체적 방법으로 앞부분을 두 겹 세 겹 둘러치고 있는 것이다. 홀로 삼가 존재하며, 한참을 지속한다면 '그 맛을 알게 된다.'는 메시지를 전하기 위해서다. 그렇지 않고서는 먹고 마셔도 제 맛을 모르기 때문이다.

인생사를 맛에 빗대어 이야기하는 경우가 많다. 입맛이 있다, 손맛이 좋다, 글맛이 좋다, 씹는 맛이 있다, 사는 맛이 있다 등등. 실제로 맛은 모든 감각을 수렴한다. 듣는 맛, 보는 맛, 쓰는 맛, 꿀맛 같은 잠……, 별의별 맛이 다 있다. 눈·코·입·귀·몸·마음이라는 여섯 감각 경로로 들어오는 각양각색의 느낌을 우리는 맛이 있다

없다로 표현한다.

맛을 안다는 것은 무슨 뜻인가? 배만 부르고 마는 것을 맛있다고 하지는 않는다. 배고픔을 잠재울 뿐 심미를 자극하지는 않기 때문이다. 그것은 그저 살기 위한 본능적 행위이다. 사는 맛도 이와 다르지 않다. 왜 살아야 하는지도 모르고 기계적으로 일어나 밥 먹고 일하고 자는 일을 가지고는 맛을 논하지는 못한다. 무엇을 위해 아침에 일어나야 하는지 알지 못하니 각별히 사는 맛도 없다. 대다수 현대인들은 쉼 없이 오락가락하는 시계추 같은 분주함 속에서 매일 파도처럼 밀려오는 스트레스와 두려움에 허우적거리며 살고 있다. 쳇바퀴 도는 것은 다람쥐만이 아니다. 마음 편히 쉬는 날도 없이 나름대로 열심히 살긴 하는데 가슴속에는 휑한 구멍이 뚫리고 만다. 삶은 심드렁해지고 맘은 헛헛하기만 하다. 주위를 둘러보면 이렇듯 "사는 맛이 없다."고 하소연하는 사람들이 얼마나 많은가?

맛은 깊이에서 우러나온다. 겉핥기만으로는 진한 맛을 알아낼 수가 없다. 속에 깃든 것을 끄집어내어 음미할 수 있을 때 비로소 맛을 이야기할 수 있게 되는 것이다. 사는 일도 예외가 아니어서 세를 불리고 영리에만 힘을 쏟아서는 삶의 고졸한 맛을 알아차릴 도리가 없다. 밖이 아닌 안으로 시선을 돌려 책의 향기를 접하고, 고요한 선율을 만나면 어느새 새 마음이 열리고 참맛을 느끼는 경험을 하게 된다. 내면을 향한 반추만이 일상 속에, 사람들 속에, 세상 속에 묻혀 있던 삶의 은밀한 향을 발하게 하고 깊은 맛을 길어 올린다.

지혜의 서 『우파니샤드』는 먹는 데 급급한 삶과 음미하는 삶을 두 마리 새에 비유해 이야기한다.

여기 두 마리 새가 있다. 이 둘은 절친한 친구로서 언제나 같은 나무(생명의 나무)에 살고 있다. 그런데 이 둘 가운데 '먼젓새'는 언제나 나무 열매를 먹기에 정신이 없다. 그러나 '뒤의 새'는 열매를 먹고 있는 먼젓새를 지극히 응시하고 있다.
같은 나무에 앉아서 '먼젓새'는 그 자신의 나약함을 슬퍼하고 있다. 그러나 그가 불멸의 존재인 '뒤의 새'를 알아볼 때 그는 그 순간 모든 생존의 고통으로부터 자유롭게 된다.[9]

응시하고, 음미할 수 있어야 성급한 욕망과 분리된 생각에서 벗어나 자유를 누릴 수 있다. 비로소 맛을 알게 되는 것이다. 맛을 아는 사람의 삶에는 멋이 흐른다. 신비한 멋이기에 흉내 내거나 따라 할 수도 없다. 맛은 고도의 수신을 통해서 달성되는 것이니 꾸밈이 들어설 자리는 바늘 끝만큼도 없다. 오직 도의 자리다. 중용의 맛이다.

忠恕 **입장을 바꿔 생각함**

공자께서 말씀하시었다.

"도(道)는 사람에게서 멀리 있지 아니하다. 사람이 도를 실천한다 하면서 도가 사람에게서 멀리 있는 것처럼 생각한다면 그는 결코 도를 실천하지 못할 것이다.

시(詩)는 말한다.

"도끼자루를 베네. 도끼자루를 베네. 그 벰의 법칙이 멀리 있지 않아."

도끼가 꽂힌 도끼자루를 잡고 새 도끼자루를 만들려고 할 때에는 자기가 잡고 있는 도끼자루를 흘깃 보기만 해도 그 자루 만드는 법칙을 알 수 있는 것이거늘, 오히려 그 법칙이 멀리 있다고 생각하니 얼마나 어리석은 일인가! 그러므로 군자는 사람의 도리(道理)를 가지고서 사람을 다스릴 뿐이니, 사람이 스스로 깨달아 잘못을 고치기만 하면 더 이상 다스리려고 하지 않는다.

충서(忠恕)는 도(道)로부터 멀리 있지 아니하다. 자기에게 베풀어 보아 원하지 아니 하는 것은 또한 남에게도 베풀지 말지어다.

군자(君子)의 도(道)는 넷이 있으나, 나 구(丘)는 그중 한 가지도 능하지 못하도다! 자식에게 바라는 것으로써 아버지를 잘 섬겼는가? 나는 이것에 능하지 못하도다. 신하에게 바라는 것으로써 임금을 잘 섬겼는가? 나는 이것에 능하지 못하도다. 아우에게 바라는 것으

로써 형님을 잘 섬겼는가? 나는 이것에 능하지 못하도다. 붕우에게
바라는 것을 내가 먼저 베풀었는가? 나는 이것에 능하지 못하도다.
사람이란 모름지기 항상스러운 범용의 덕을 행하며 항상스러운 범
용의 말을 삼가야 한다. 이에 부족함이 있으면 감히 힘쓰지 아니할
수 없는 것이요, 이에 여유로움이 있으면 절제하고 조심하여 감히
자고(自高)치 아니하여야 할 것이다. 언(言)은 반드시 행(行)을 돌
아보아야 하며, 행(行)은 반드시 언(言)을 돌아보아야 하니, 군자가
어찌 삼가 독실(篤實)하지 아니할 수 있으리오!

『중용』의 첫머리에 "하늘이 명한 것을 성이라 하고, 성에 따르는
것을 도라 한다."고 하였다. 곧 사람의 본성에 따르는 것이 '도'이기
때문에, 도는 사람들의 생활로부터 멀리 떨어져 있을 수 없다. 마치
그것은 도끼자루가 필요해서 도끼를 들고 숲 속으로 가서 도끼자루
감을 자르고 있는 사람의 경우와 같다. 도란 절대적인 원리이기에 앞
서 사람이면 누구나 지니고 있는 기본 속성(屬性)이기도 한 것이다.[10]
  따라서 '사람을 다스리는(治人)' 법칙도 모든 사람들이 한결같이
품고 있는 본연의 마음에 따라, 양심에 따라 사람 안에서 찾아야 한
다. 이 '다스림'은 궁극적으로 인간의 자발적 개선을 목표로 한다.
스스로 고치면 더 이상 다스리려고 하지 말아야 한다. 제도적 규제
(法治)보다는 인간의 내면적 각성을 환기하는 것이 다스림의 목표

이기 때문이다. 그 내면적 각성을 의미하는 용어가 바로 '충'과 '서'다.[11]

'충(忠)'이란 글자 그대로 가운데(中) 있는 마음(心)이니 진실된 마음이다. '서(恕)'는 나와 너의 같은 마음(如心)이니 서로가 공감하는 마음이며, 상대의 입장으로 생각해 보는 마음이다. 공자는 인(仁)의 본질이 충과 서에 있다고 보았다. '서'를 요즘말로 하면 인간에 대한 사랑이며, 보편적인 가치관이며, 인류애를 의미한다.[12]

『논어』「이인(里仁)」편에서도 공자가 "나의 '도'는 하나로 관통된다."고 말한 것에 대하여 증자는 "선생님의 '도'는 충과 서일 따름이다."라고 설명하고 있다. 충이란 자기의 '성심(誠心)'을 다하는 것이고, 서란 '남을 먼저 생각해 주는 것'이다. 자기의 성심을 다하고 남을 먼저 생각해 준다면, 자기가 원치 않는 일을 남에게 베푸는 일은 없어질 것이다. 유교사상에 있어서 '충'과 '서'는 하나로 관통되는 가장 중요한 나무뿌리와 같은 도리이다.[13]

내게 싫은 일을 남에게 하지 않는 것, 그것이 충서이며 사람이 사람을 대하는 '기본 도리(禮)'이자 '사랑(仁)'이다. 눈여겨볼 것은 이러한 『중용』의 실천지침이 이른바 성경에서 말하는 황금률과는 사뭇 대조적이라는 점이다. 성경은 이렇게 말한다. "그러므로 무엇이든지 남에게 대접을 받고자 하는 대로 너희도 남을 대접하라."(마태 7:12) 내가 싫어하는 것을 남에게 하지 말라는 중용의 입장은 일견 소극적이지만 갈등의 소지가 없다. 반면 받고 싶은 대로 대접하라는 성경의 입장은 굉장히 적극적이지만 자칫하면 이기심을 충족하는 수단으로 악용될 수도 있다. 나에게 좋은 것이 남에게도 항상 좋은 것이 될 수는 없으며, 되돌려 받고자 행한다면 그 의도가 선하다고만 볼 수는 없기 때문이다.

『중용』은 다양한 인간관계에서 어떻게 충서를 실천할 것인지 구체적으로 알려준다. 크게 네 가지, 부모와 자식, 임금과 신하, 형제와 친구 사이에 있어서 마땅히 행해야 할 바다.

앞에 언급한 『논어』「이인」 편에서 보다시피 공자도 이 네 가지 가운데 한 가지도 능하지 못하다고 스스로 개탄한다. 공자가 이처럼 인간적인 면모를 솔직하게 드러냄으로써 말하고자 한 것은 "언은 행을 돌아보고, 행은 언을 돌아봄으로써 독실한 사람이 되라."는 가르침이다. 그리고 이 말(言)을 이루는 것(成)이 성실함(誠)이다.

군자는 태어나는 것이 아니라 끝없이 만들어지는 것이라고 한다. 자신의 언행을 끊임없이 돌아보면 안으로 '심지 깊은 마음(忠)'이 자라나고, 밖으로는 다른 사람의 마음까지 세심하게 헤아릴 수 있는 '어진 마음(恕)'이 움터 뭇 사람들과의 관계에서 넘치거나 부족함이 없는 지혜로운 자의 면모를 갖추게 되지 않을까. 우리는 모두 온전한 인간이 되어가는 과정에 있다. 앞서거니 뒤서거니. 충서는 나를 끊임없이 돌아보는 데서 시작한다.

至誠無息 **쉼 없는 성실함**

그러므로 지성(至誠)은 쉼이 없다.

쉼이 없으면 오래가고, 오래가면 징험이 드러난다.

징험이 드러나면 유원(悠遠)하고, 유원하면 박후(博厚)하고, 박후하면 고명(高明)하다.

박후(博厚)하기 때문에 만물을 실을 수 있고, 고명(高明)하기 때문에 만물을 덮을 수 있고, 유구(悠久)하기 때문에 만물을 완성시킬 수 있는 것이다.

박후(博厚)는 땅과 짝하고, 고명(高明)은 하늘과 짝하고, 유구(悠久)는 시공의 제약성을 받지 아니한다.

이와 같은 자는 내보이지 않아도 스스로 드러나며, 움직이지 않아도 세계를 변화시키며, 함이 없어도 만물을 성취시켜 준다.

천하의 도(道)는 한마디 말로써 다 표현할 수 있는 것이니, 그 물됨이 두 마음이 없다는 것이다. 그러한즉 그것이 물(物)을 생성함이 무궁하여 다 헤아릴 길 없는 것이다.

아! 천지의 도(道)이시여! 드넓도다! 두텁도다! 드높도다! 밝도다! 아득하도다! 오래도다!

이제 저 하늘을 보라! 가냘픈 한 가닥의 빛줄기가 모인 것 같으나, 그것이 무궁한데 이르러서는 보라! 해와 달과 별들이 장엄하게 수를 놓고 있지 아니하뇨! 만물을 휘덮는도다! 이제 저 땅을 보라! 한 줌의 흙이 모인 것 같으나, 그것이 드넓고 두터운데 이르러서는 보라! 화악(華嶽)을 등에 업고도 무거운 줄을 모르며, 황하와 황해를 가슴에 품었어도 그것이 샐 줄을 모르지 아니하뇨! 만물을 싣는도다! 이제 저 산을 보라!

한 주먹의 돌덩이가 모인 것 같으나, 그것이 드넓고 거대한데 이르러서는 보라!

초목이 생성하고 금수가 생활하며 온갖 아름다운 보석이 반짝이지 아니하뇨! 이제 저 물을 보라! 한 바가지의 물줄기가 모인 것 같으나, 그것이 헤아릴 수 없는 경지에 이르러서는 보라! 자라와 악어와 이무기와 용과 물고기와 거북이가 자라나며 온갖 귀중한 재화가 그 속에서 번식하지 아니하뇨!

시(詩)는 말한다.

"하느님께서 우리 문왕께 내리시는 명(命)이시여! 아 참으로 아름답고 충실하여 영원히 그치지 않는도다! 이 시구는 하느님께서 만물의 본원이신 하느님 되신 까닭을 말한 것이다. "아 크게 빛나는 도다! 문왕의 덕의 순결함이여!" 이 시구는 문왕께서 문(文)이라는 시호를 얻으신 까닭을 말한 것이다. 이 모든 것은 천명과 문왕과 대자연의 순결한 성실함이 그침이 없음을 말하고 있는 것이다.

『중용』을 '중용'되게 하는 것은 후반부의 중심을 이루는 '성(誠)'이다. 성실함, 정성됨, 간절함으로 이해할 수 있는 성은 온 천지를 낳고 기르는 주요한 성품이다. 26장은 '지극한 정성은 쉼이 없음'을 말하고 있다. 이 장을 이해하려면 중용이 스스로 설명하고 있는 성에 대해서 읽어 볼 일이다. 제25장 「성자자성(誠者自成)」의 본문이다.

> 정성됨(誠)이라는 것은 스스로 이루게 하는 것이요, 도(道)는 스스로 가게 하는 것이다. 정성(誠)이 만물의 처음이요 끝이니, 정성됨이 아니라면 만물은 없다. 그러므로 군자는 정성됨을 귀히 여긴다.[14]

정성됨은 스스로 자기를 이루게 할 뿐만 아니라 만물이 이루어지는 까닭이 된다. 삼라만상의 되어짐이 바깥의 어떤 작용에 의해서가 아니라 끊임없이 안에서 스스로 이루어가는 원리임을 밝히고 있다. 쉼 없이 지속되는 성실함은 끝없는 창조의 과정이다. 앙리 베르그송이 말한 '엘랑 비탈(élan vital, 생명의 약동)'이다.

"존재한다는 것은 변화하는 것이고, 변화한다는 것은 성숙해진다는 것이며, 성숙해진다는 것은 자기 자신을 끊임없이 창조한다는 것이다."15)

솔개가 치솟아 하늘에 다다르고(鳶飛戾天), 잉어가 연못을 튀어 오르듯(魚躍于淵) 약동하는 생명력에 창조와 변화의 비밀이 있다. 창조는 7일 만에 뚝딱 세상을 만들어내는 절대자의 전유물이 아니라는 말이다. 창조의 힘이야말로 스스로 하느님이 되는 자리이며, 하느님이 하느님 되게 하는 것은 '성(誠)'이다.

온 우주가, 대 자연이 스스로 이루고(自成), 스스로 길을 찾듯(自道), 인간도 간절함으로 스스로를 이루고 스스로의 길을 찾아야 한다. 마틴 부버의 말이다.

"인간이 인간다움을 넘어서 신성에 접근할 수 있는 길은 없다. 인간은 인간다워짐으로써 신성에 가까이 다가갈 수 있다. 보다 인간다워지는 것이야말로 인간 개개인이 창조된 이유다."16)

보다 인간다워진다는 것이 무얼까? 쉼 없는 성실함으로 창조의 질서에 동참하는 것이다. 내 삶의 능동적인 창조자가 되는 것이다. 이것이 '선'이며, '지성무식'으로 발현되는 중용의 지혜다.

그침 없는 간절함에 하늘과 땅은 융숭한 효험으로 응한다. 그 효험은 땅처럼 넓고 두터우며(樸厚), 하늘처럼 높고 밝다(高明). 천지가 화답하는 정성스러움에 이르러서는 "내보이지 않아도 스스로 드러나며, 움직이지 않아도 세계를 변화시키며, 함이 없어도 만물을 성취시켜 준다." 막힐 것도 없고 거칠 것도 없다.

자연의 운행이 이러한데 그 속에 사는 우리의 삶이 팍팍하다면 자연에 부합하지 않았기 때문이다. 혹은 스스로를 대하고, 이웃을 마주하며, 삶을 받아들이는 데 정성스러움, 성실함, 간절함이 결여된 것은 아닐까? 함부로 대하고 섣불리 행하며 가벼이 여긴 성긴 마음으로 인해 생긴 삐걱거림이 아닐까? 말 한 마디에도 정성을 더하고, 작고 사소한 일에도 두 손을 모아 마주한다면 그 순간이 곧 거룩한 예배이자 스스로 길을 내는 이룸의 시간이다.

지성무식은 작은 찻잔 하나도 양손으로 받들어 드는 정성스러운 마음이며 온전한 인간으로 살고자 애쓰는 간절함이다.

Satta

三

숫타니파타

그물에 걸리지 않는 바람처럼

Nipata

무소의 뿔처럼 혼자서 가라

『숫타니파타』는 팔리어로 '경(Sutta, 經)의 모음(nipāta, 集)'을 뜻한다. 불교 경전 가운데서도 가장 먼저 이루어진 것으로『법구경』과 함께 초기 경전을 대표한다. 성립 시기는 인도 마우리야 왕조의 3대 왕인 아소카왕(BC 268~232) 이전인 것으로 알려져 있다. 기원전에 살아 숨 쉬던 인간 붓다의 행적과 육성이 담긴 경으로 당시 불교를 이해하는 데 매우 중요한 고전이다.

모두 1,149수의 시가 「뱀(蛇)의 장」, 「작은 장」, 「큰 장」, 「시(詩)의 장」, 「피안에 이르는 길」이라는 다섯 개의 장에 담겨 있다. 원래 외우고 읊으며 거듭 음미하기 위한 것이었기에 대부분 짧고 간결한 운문 형식을 띠고 있다. 불교의 잠언이다. 화려하고 자못 현학적인 후대의 불교 경전들에 비해 소박하고 단순하며 일상적인 표현들로 이루어져 불교가 낯설고 서먹한 이들에게도 쉽게 '좋은 벗'이 된다.

담이 낮은 경이라 할 수 있다.

『경전 7첩 반상』에는 '무소의 경', '행복의 경', '수행의 경', '화살의 경', '피안의 경' 가운데 가장 사랑받는 경구들을 정성껏 올린다. 앞서 '눈 뜬 이'의 말씀에 귀 기울여 보자.

무소의 뿔처럼 혼자서 가라

묶여 있지 않는 사슴이 숲속에서 먹이를 찾아 여기저기 다니듯이, 지혜로운 이는 독립과 자유를 찾아, 무소의 뿔처럼 혼자서 가라.

*

사방으로 돌아다니지 말고, 남을 해치려 들지 말고, 무엇이든 얻은 것으로 만족하고, 온갖 고난을 이겨 두려움 없이, 무소의 뿔처럼 혼자서 가라.

*

만일 그대가 지혜롭고 성실하고 예의 바르고 현명한 동반자를 얻었다면 어떠한 난관도 극복하리니, 기쁜 마음으로 생각을 가다듬고 그와 함께 가라.

*

그러나 만일 그대가 지혜롭고 성실하고 예의 바르고 현명한 동반자를 얻지 못했다면 마치 왕이 정복했던 나라를 버리고 가듯, 무소의 뿔처럼 혼자서 가라.

*

욕망은 실로 그 빛깔이 곱고 감미로워 우리를 즐겁게 한다. 그러나 한편 여러 가지 모양으로 우리 마음을 어지럽힌다. 욕망의 대상에는 이러한 근심 걱정이 있는 것을 알고, 무소의 뿔처럼 혼자서 가라.

*

이것이 내게는 재앙이고 종기이고 화이며, 질병이고 화살이고 공포이다. 이렇듯 모든 욕망의 대상에는 그와 같은 두려움이 있는 줄 알고, 무소의 뿔처럼 혼자서 가라.

*

탐내지 말고 속이지 말며, 갈망하지 말고 남의 덕을 가리지도 말며, 혼탁과 미혹을 버리고 세상의 온갖 집착에서 벗어나, 무소의 뿔처럼 혼자서 가라.

*

의롭지 못한 것을 보고 그릇되고 굽은 것에 사로잡힌 나쁜 친구를 멀리하라. 탐욕에 빠져 게으른 사람을 가까이 하지 말고, 무소의 뿔처럼 혼자서 가라.

*

널리 배워 진리를 아는, 생각이 깊고 현명한 친구를 가까이 하라. 그것이 이익이 됨을 알고 의심을 버리고, 무소의 뿔처럼 혼자서 가라.

*

눈을 아래로 두고, 두리번거리거나 헤매지 말고, 모든 감각을 억제하여 마음을 지키라. 번뇌에 휩쓸리지 말고 번뇌에 불타지도 말고, 무소의 뿔처럼 혼자서 가라.

*

홀로 앉아 명상하고 모든 일에 항상 이치와 법도에 맞도록 행동하며 살아가는 데 있어서 무엇이 근심인지 똑똑히 알고, 무소의 뿔처럼 혼자서 가라.

*

집착을 없애는 일에 게으르지 말고, 벙어리도 되지 말라. 학문을 닦고 마음을 안정시켜 이치를 분명히 알며, 자제하고 노력해서, 무소의 뿔처럼 혼자서 가라.

*

소리에 놀라지 않는 사자처럼, 그물에 걸리지 않는 바람처럼, 진흙에 더럽히지 않는 연꽃처럼, 무소의 뿔처럼 혼자서 가라.[1]

무소의 코 위에 우뚝 솟은 뿔은 출가수행자의 독각(獨覺)을 상징한다. 정신의 무한한 고양을 위해 오락가락하지 않고 꼿꼿하게 홀로 정진해 나가는 모습을 '무소의 뿔'로 형상화한 것이다. "무소의 뿔처럼 혼자서 가라."는 말은, 수행자라면 천 길 낭떠러지를 앞에 두고도 한 걸음 내딛는(百尺竿頭 進一步) 서릿발 같은 단호함이 있어야 한다는 무상명령(無上命令)이다. 이러면 하고, 저러면 물러도 되는 가언(假言)이 아니다. 단언이다. 어떤 조건에서도 견지해야 하는 칸트의 정언(定言) 명령과도 같다.

천 가지 고통과 만 가지 위험이 도사리는 현실을 살아내야 하는 건 이 세상 누구나 마찬가지다. 그러니 이 말씀이 어디 출가자들에게만 적용되는 것이겠는가? 더구나 어떤 마음가짐으로, 어떻게 행동하며 살아야 할지 해답을 찾기는 부처님이 계시던 이천오백 년 전보다 오늘날이 훨씬 더 어려울 터. 그런 의미에서 금세기를 살아내는 우리 모두는 이미 수행자다.

'눈 뜬 이'는 사귐을 가려서 하고, 욕망을 잘 다스리며 홀로 있음에 익숙하다. 그럼 가까이할 사람과 멀리 둘 사람을 어떻게 가리는가?

'지혜롭고, 성실하며, 예의 바르고, 현명한 사람'인지 여부가 관건이다. 지혜와 현명함은 지식이 아니라 마음공부를 통해서 얻어지는 것이다. 마음을 들여다보는 이와 그렇지 않은 이 사이에는 학벌이나 재력으로 메울 수 없는 깊은 골이 생긴다. 그러니 누구보다 마음 닦는 이와의 사귐을 귀히 여기라는 뜻으로 읽힌다.

어떤 일을 할 때 처음과 중간과 끝이 한결같은 사람을 두고 우리는 '성실하다'고 한다. 성실이라는 낱말은 '어떤 외부 상황도 자의적으로 해석하거나 적당히 타협하지 않는' 태도를 말한다. 내면의 성실함은 타인과의 관계에서 예(禮)로 드러나기 마련이다. 『시경(詩

經)』은 "사람이면서 예가 없다니 어찌하여 빨리 죽지 않는가(人而無 禮胡不遄死)." 하며 호통을 친다. 여기서 한걸음 더 나아가 '예'를 사람과 짐승을 나누는 기준으로 삼기도 한다. 성실함으로 자기를 돌보고 예로 이웃을 대할 줄 아는 이를 벗 삼고, 애써 가까이하라는 말씀이다.

힘 중에서 가장 센 힘이 '홀로 있을 수 있는 힘'이다. 홀로 있는 시간이 자유롭고 풍성한 이는 남도 자유롭게 하고 풍성하게 한다. 혼자를 견디지 못하고 이내 헛헛해져 술친구를 찾고, 성급하게 결혼해 결국 삐걱대고, 이곳저곳을 기웃거리며 사이버 세상에서 존재 아닌 존재로 사는 이들이 얼마나 많은가. 외로움을 면하고자 하는 일들이 오히려 나를 잃고, 시간을 잃고, 덩달아 삶의 생명력까지 고갈시켜 낭패가 된다면 차라리 혼자 있는 것에 비할 바가 아니다.

'무소유'의 대명사가 된 법정 스님은 '홀로 사는 즐거움'만으로 한 권의 책을 엮기도 했다. 초광속의 시대를 살아가는 우리에게 스님은 너무 빨리 뛰지 말고, 조급하게 서두르지 말라고 조언한다.

"우리가 가야 할 곳은 그 어디도 아닌 우리들 자신의 자리다. 시작도 자기 자신으로부터 내디뎠듯이 우리가 마침내 도달해야 할 곳도 자기 자신의 자리다."

시류에 휩쓸려가지 말고 자기 자리에서 자기만의 속도로 살아가라는 당부다.

오늘날 우리에게는 더 높은 곳을 향하는 공허한 성장보다 아래로 뿌리를 내려 깊이를 더하는 성숙의 시간이 간절하다. 이는 홀로 있는 시간이며, 묵묵히 혼자서 가는 길이다. 혼자서 견뎌낸 고독의 깊이는 인간의 결을 다르게 만든다. 탁기가 가시고 맑은 기운이 올라 정신도 피부도 투명해진다. 깊어진 눈빛은 현상이나 외물에 속지 않으며, 침묵으로 깊어진 생각은 쉽게 오락가락하지 않는다. 이미 자기의 존재만으로 부유해졌기 때문이다.

다코타 족 인디언 오히예사의 말이다.

"진리는 홀로 있을 때 우리와 더 가까이 있다. 홀로 있음 속에서 보이지 않는 절대 존재와 대화하는 일이 인디언들에게는 가장 중요한 예배다. 자주 자연 속에 들어가 혼자 지내 본 사람이라면 홀로 있음 속에는 나날이 커져 가는 기쁨이 있다는 것을 알 것이다. 그것은 삶의 본질과 맞닿는 즐거움이다."[2]

성숙한 둘이기 위해서는 먼저 행복한 혼자가 되어야 한다. 홀로 길어 올릴 수 있는 기쁨을 안고, 무소의 뿔처럼 혼자서 가라.

더없는 행복

이와 같이 나는 들었다. 어느 날 거룩한 스승께서는 사밧티의 제타 숲, 외로운 사람들에게 먹을 것을 나누어 주는 장자의 동산에 계셨다. 그때 모습이 아름다운 신이 한밤중이 지나 제타 숲을 두루 비

추며 스승께 가까이 다가왔다. 그리고 예의를 갖춰 절한 뒤, 한쪽
에 서서 시로써 물었다.

"많은 신과 사람들은
행복을 바라고 있습니다.
으뜸가는 행복을 말씀해 주십시오."

*

"어리석은 사람들을 가까이하지 말고 어진 이와 가깝게 지내며 존
경할 만한 사람을 존경하는 것. 이것이 더없는 행복이다.

*

분수에 알맞은 곳에 살고 일찍이 공덕을 쌓고 스스로 바른 서원을
하는 것. 이것이 더없는 행복이다.

*

남에게 베풀고 이치에 맞게 행동하며 적을 사랑하고 보호하는 것.
비난을 받지 않게 처신하는 것. 이것이 더없는 행복이다.

*

존경과 겸손과 만족과 감사와, 때로는 가르침을 듣는 것. 이것이
더없는 행복이다.

*

인내하고 온화하게 말하고 수행자들을 만나고, 때로는 진리에 대
한 가르침을 받는 것. 이것이 더없는 행복이다.

수행을 하고 깨끗하게 행동하고 거룩한 진리를 깨닫고 열반의 경지를 실현하는 것. 이것이 더없는 행복이다.

세상일에 부딪혀도 마음이 흔들리지 않고, 걱정과 티가 없이 편안한 것. 이것이 더없는 행복이다.

이러한 일을 한다면 어떤 일이 닥쳐도 실패하지 않는다. 어느 곳에서나 행복할 수 있다. 이것이 더없는 행복이다."

언제부터인가 '행복하세요.'가 '안녕.'을 대신하는 인사말이 되었다. 온 세상이 행복을 구하는 소리들로 넘쳐난다. 불과 2, 30년 전과 비교해도 충분히 더 잘 먹고, 더 잘 입고, 더 좋은 집에서 살고 있는데 우리는 왜 마치 잃어버린 아이라도 찾는 양 이토록 애타고 다급하게 행복을 찾는 것일까. 『숫타니파타』가 말하는 '더없는 행복'을 읽으며 잃어버린 행복, 놓치고 있는 행복을 추슬러 본다.

나는 과연 행복한가? 행복한 삶이란 어떤 것인가?

『숫타니파타』에서는 두 가지 행복을 말한다. 사회적 행복과 형이상학적 행복이다. 사회적 행복은 부모와 자식, 스승과 제자, 남성과 여성, 고용주와 고용인 등 다른 사람과의 관계에서 경험하게 되는 행복이다. 관계 속에서 행복과 불행을 가름하는 것은 수용성이다. 쉽게 말하면, 어디에나 있기 마련인 미운 사람의 '꼴'을 내 마음이 보아 넘길 수 있느냐 여부다.

심리학자 웨인 다이어는 언제나 자기감정의 주인이 되어 지금 이 순간을 스스로 통제하는 '행복한 이기주의자'가 될 것을 주문한다. 사람들은 흔히 주위의 상황이나 사람들이 자신을 불행하게 만든다고 믿지만 사실은 그렇지 않다. 불행을 느끼는 이유는 주위의 사람이나 사물 그 자체가 아니라 그것에 대한 내 '생각' 때문인 경우가 많다. 따라서 행복한 사람이 되려면 생각을 바꿀 줄 알아야 한다. 생각을 통제할 수 있으면 새로운 감정이 생겨나고, 다른 삶을 향해 첫발을 내딛을 수 있게 된다. 그러기 위해서는 현재의 매 순간을 힘껏 들이마시고 이미 끝난 과거나 아직 오지 않은 미래에 대해서는 아예 신경을 끄는 것이 방법이다.[3]

'세상일에 부딪혀도 마음이 흔들리지 않고, 걱정과 티가 없이 편안한 것'이 더없는 행복이다. 불편한 감정을 놓아버리고, 지금 이 순간 당장 만족할 수 있도록 무조건 행복한 상태를 선택하는 것, 이것이야말로 행복하기 위해 내가 할 수 있는 모든 일이다.

두 가지 행복 중 다른 하나는 존재론적 행복이다. 이는 물리적인 것만으로는 채워지지 않는 내면의 공간에서 나오는 물음과 그에 응하는 기쁨이다. 삶의 근원적인 의미에 목마른 이들에게, 에리히 프롬은 삶을 '소유냐 존재냐'라는 현미경으로 들여다보라고 제안한다.

그리고 우리의 학습, 기억, 대화, 독서, 지식, 그리고 신앙이 어떤 형태인지를 성찰하게 한다. 가령, 앎이란 미망을 깨뜨리는 것임에도 불구하고 우리는 더 '깊이' 알고자(존재양식) 하는 대신 더 '많이' 알고자(소유양식) 급급한 것은 아닌지 돌아보는 것이다. 내면화하고 변화를 이끄는 학습 대신 저장하고 쌓아 두기 위해 학습해 온 것은 아닌가도 따진다.

'내가 가진 것' 혹은 '내가 소비하는 것'이 곧 '나'로 정의되는 세상에서, 우리는 끝없는 소비로 소유를 증명하고, 그 결과 결코 목마름과 배고픔에서 놓여날 수 없어 보채는 '영원한 젖먹이'인지도 모른다.[4]

나는 삶을 살고 있는가, 소비하고 있는가? 나는 삶의 창조자인가, 소모자인가?

프롬이 던지는 화두다. 자아조차 소유로 인식하는 오늘날 이 악순환의 굴레에서 빠져나올 수 있는 변화의 열쇠는 '능동성'이다. 능동성이 '존재'이며, 나아가 존재는 '실천'에 있다. 능동성이란 인간의 힘을 생산적으로 사용한다는 의미에서 내면적 활동 상태를 뜻한다. 이런 자발적 활동spontaneous activity으로 말미암아 능동적 인간은 자신이 접하는 모든 것의 생명을 일깨운다. 그는 자신의 능력을 살리며 다른 사람과 사물에게도 생명을 부여한다.[5]

초기경전이 담고 있는 형이상학적 행복은 '수행을 실천함으로써 존재의 참뜻을 밝히고, 거룩한 진리를 깨달아 열반의 경지를 실현하는 것'이다. 이것이야말로 최상의 행복이며, 으뜸가는 행복이다. 삶의 이유와 방향을 찾은 이의 행복은 샘물처럼 솟아 넘쳐 다른 이의 삶에 영감이 된다. 저절로 자리이타(自利利他)의 삶을 실현한다.

'더없는 행복'의 주인공이 되는 길은 밖이 아니라 안에 있다. 얼핏 행복의 비밀이 보이는 듯하다.

올바른 수행

"지혜가 많고, 강을 건너 피안에 도달하고 완전한 열반에 들어 마음이 평화로운 성인께 여쭙니다. 출가하여 여러 가지 욕망을 없앤 수행자는, 어떻게 해야 이 세상을 바르게 살아갈 수 있겠습니까?"

스승은 말씀하셨다.
"온갖 점을 치는 일이나 해몽, 관상 보는 일을 완전히 버리고, 길흉화복의 판단을 버린 수행자는 세상에서 바르게 살아갈 것이다.

좋아하는 것이나 좋아하지 않는 것이나 다 버리고 아무 것에도 집착하거나 매이지 않고 온갖 속박에서 벗어난다면, 그는 세상에서 바르게 살아갈 것이다.
생존을 이루고 있는 요소 가운데 영원한 것은 없음을 알고 모든 집

착과 탐욕을 버리며 얽매임이 없이 아무것에도 이끌리지 않는다
면, 그는 세상에서 바르게 살아갈 것이다."

*

"수행자가 '사람들이 나를 존경한다'라고 하면서 거만해하지 않고,
욕을 먹더라도 마음에 두지 않으며, 남에게서 대접을 받았다고 해
서 교만해지지 않으면, 그는 세상에서 바르게 살아갈 것이다.

어떤 숨은 집착도 없고 악을 뿌리째 뽑아 버리고, 바라는 것도 구
하는 것도 없다면, 그는 바르게 세상에서 살아갈 것이다.

믿음이 있고 배움이 있는 지혜로운 이가 궁극의 경지에 이르는 분
명한 길을 보고, 무리들 사이에 있으면서 무리에 맹종하지 않으며
탐욕과 혐오와 분노를 삼킨다면, 그는 바르게 세상에서 살아갈 것
이다.

과거와 미래에 대해서 쓸데없는 생각을 하지 않고 지극히 깨끗한
지혜가 있어 모든 변화하는 현상의 영역에서 벗어나 있으면, 그는
바르게 세상에서 살아갈 것이다.

궁극의 경지를 알고 진리를 깨달아 번뇌의 때를 씻고 생존을 구성
하는 모든 요소를 없애 버린 까닭에, 그는 바르게 세상에서 살아갈

것이다."

*

"거룩하신 스승이시여, 참으로 그렇습니다. 그와 같이 생활하고 스스로 절제하는 수행자는 모든 속박에서 벗어난 것입니다. 그는 바르게 세상에서 살아갈 것입니다."

경전이 말하는 '바른 삶'이란 무엇인가? 고대 경전은 '올바른 수행'이 바른 삶이라 전한다. 『숫타니파타』와 함께 불교의 초기 경전이자 또 다른 잠언인 『법구경Dhammapada』도 두 개의 장에 걸쳐 수행자가 행할 바를 말하고 있다. 수행자는 본래 인도의 사성(四姓) 가운데 최상층부에 속하는 바라문으로 학문과 지혜를 구족한 승려를 뜻한다. 『법구경』에서는 수행자에 대해 "몸과 말과 생각으로 나쁜 짓을 하지 않고, 이 셋을 잘 억제하는 사람"이며, "미움을 가진 무리 속에 있으면서도 미움이 없고", "붓다의 가르침에 전념하여 구름에서 벗어난 달처럼 이 세상을 밝게 비추는" 자라고 노래한다.

그러나 일상에서는 바라문의 삶도 범부들의 삶과 크게 다르지 않았던 모양이다. 경전이 제시하는 바라문의 수행 지침이라야 뭐 대단히 고상하거나 별스러운 것이 아니다. 칭찬한다고 우쭐하지 말고 욕심내지 말며 미워하지 말고 사라질 것들에 집착하지 말라는 이야기다. 진부하다 못해 시시하기까지 하다. 그런데 이 평범한 지침들을 실천하기가 지난하기 이를 데 없다. 말이 아닌 행으로 풀려면 어느 것 하나 만만한 게 없다. 그 어려움을 연어가 강을 거슬러 오르는 애씀에 견줄 수 있을지 모르겠다.

정작 수행자의 진가는 다른 데 있다. '공부해서 생사(生死)를 초월한다.'는 범상치 않은 선언이 그것이다. 무슨 공부이기에 생사를 운운하는가? 수행자가 하는 공부는 이런저런 정보를 끌어 모으는 지식 쌓기가 아니다. 지혜의 눈이 열리는 마음공부다. 소유가 아닌 존재방식을 득하는 공부다. 살고 죽는 문제에 연연하지 않게 되는 마음의 광대함은 인간이기에 누릴 수 있는 공부의 찬란한 결실이다.

수행자들의 삶이 일상생활과 유리되거나 분리되지 않은 것처럼 현대를 '바르게' 살아가려는 우리 모두는 이미 수행자다. 수행은 특별한 것이 아니다. 사람답게 살고자 하는 몸짓이며, 자유로운 삶의 주인이 되고자 하는 마음 씀이다. 말 그대로 닦는 것, 수행이다. 자신의 삶과 현실에 대한 치열한 문제의식이 수행의 동기이기에 삶을 떠난 수행도 있을 수 없으며, 수행을 떠난 삶도 없다. 수행은 고스란히 삶이다.

10여 년 전 내게 처음으로 '수행'의 문을 열어 준 책이 있다. 물질 중심에서 사람 중심으로의 변화를 꿈꾸며 '지금은 수행시대'라는 기획하에 출간된 『수행은 특별한 것이 아니다』가 그것이다. 이 책은 오락가락하다 닫히기 일쑤인 내 마음 문을 열어 주고 흐트러지려는 나를 곧추 세워 주며 참으로 탄탄한 길잡이가 되어 주었다. 마치 나를 위해 출간된 듯한 느낌이 들 정도로 이 책을 만난 건 큰 행운이었다.

정말 우리 자신은 진정으로 자유롭고 평등하고자 하는가? 달리 표현하면 인간답고자 하는가? 존재답고자 하는가? 관계 자체를 가져가고자 하는가? 개인에 있어서 사회에 있어서 또 일부분에 있어서 나와 너의 인간관계 또 나와 사회의 인간관계에 있어서 정말 존재 그 자체로 있는가? 인간다울 수 있고 존재다울 수 있다면 이것이 곧 진정한 자기 혁신이며, 곧 세계의 혁신이다.

이러한 존재들 전부가 제대로 우뚝 설 수 있고 또 그러한 존재가 어떤 일을 가져갈 때, 다른 사람들이 그러한 존재가 되어갈 때 일이 일답게 갈 것이고 인간이 인간답게 될 것이다. 그리고 사회적 제 관계 모두가 관계다운 관계로 설정될 것이다. 그렇지 않으면 우리의 관계는 부침하고 말 것이다. 과연 우리는 삶에 있어서 나의 건강성을 어느 분면에서 파악하고 있는가? 깨침이라는 게 거창한 게 아니다. 이것이 깨침이다. 이것을 깨치지 못했기 때문에 궁극적으로 깨칠 수 없다.

수행의 완성이라 여겨지는 깨침은 신비가 아니다. 내가 누구인지, 왜 살아야 하는지, 어떻게 살아야 하는지를 아는 것이 깨달음이며 밝음이다. 이보다 더 현실적이고, 구체적이고, 다급한 일이 어디 있나. 이걸 모르고 사는 삶을 노예삶이라 한다. 왜 사는지 모르고 남에 의해서 끌려 다니는 삶이니 맞는 말이다. 사는 이유, 동기, 목적을 명확히 하고 주체적으로 살고자 방향을 점검하는 일이 수행이며, 그렇게 애쓰는 이가 수행자다. 성경에서는 "마음을 다하고, 뜻을 다하고, 힘을 다하여" 행하라고 말한다.[6] 간절함이다.

내가 주인 될 때 무수한 두려움으로 다가오는 삶의 불확실성에서 놓여날 수 있다. 그래서 현대의 대표적인 영성 작가이자 가톨릭 사제였던 토머스 머튼은 자서전이라 할 수 있는 『칠충산The Seven Storey Mountain』에서 '불확실성을 겁내지 않는 사람'을 수행자라고 했는지 모르겠다. 길흉화복에 전전긍긍하며 과거나 미래에 저당 잡혀 사는 삶의 근저에는 두려움이 깔려 있다. 자신을 만나지 않고, 오늘을 놓치는 삶에 자유는 설 자리가 없다. 우리가 사는 동안 해야 할 일이 무엇인가? 지금 바로 죽음으로 가는 강을 건넌다 하더라도 흔쾌히 세상에 대해 "안녕!" 하고 미소 지을 수 있으려면 어떻게 해야 하나?

"당신은 이 세상을 여행하면서 어떤 것을 배웠소? 당신은 이 세상에 와서 장사하는 재주를 배울 수도 있고, 병 고치는 기술을 배울 수도 있소. 하지만 무엇보다 신을 배우도록 하시오. 당신이 이곳을 여행하는 동안 신과 하나가 되지 않는다면 그 여행은 무의미한 것이오."[7]

힌두 탁발승의 말이다.
나마스카! 당신 속의 신에게 절합니다.

번뇌의 화살

사람의 목숨은 정해져 있지 않아 얼마를 살지 아무도 모른다. 사람의 삶은 애처롭고 짧으며 고뇌로 엉켜 있다.

*

그들은 죽음에 붙잡혀 저 세상으로 가지만, 아비도 그 자식을 구하지 못하고 친척도 그 친척을 구하지 못한다.

*

이렇듯 세상 사람들은 죽음과 늙음으로 인해서 고통받는다. 그러나 지혜로운 이는 이것의 참모습을 잘 알고 슬퍼하지 않는다.

*

그대는 온 사람의 길을 모르고, 간 사람의 길도 모른다. 생과 사 양쪽 끝을 보지 못하고 부질없이 슬피 운다.

*

슬픔을 버리지 않는 사람은 점점 더 괴로워질 뿐이다. 죽은 사람 때문에 우는 것은 슬픔에 사로잡힌 것이다.

*

그러므로 존경하는 사람의 말씀을 듣고, 죽은 사람을 보았을 때에는 '그에게는 이미 내 힘이 미치지 못하게 되었구나.' 라고 깨달아 슬퍼하거나 탄식하지 말라.

*

집에 불이 난 것을 물로 꺼 버리듯, 지혜로운 사람들은 걱정이 생기면 이내 지워 버린다. 마치 바람에 솜털을 날려 버리듯이.

*

진정한 즐거움을 구하는 사람은 슬픔과 욕심과 걱정을 버리라. 번뇌의 화살을 뽑으라.

*

번뇌의 화살을 뽑아 버리고 마음의 평안을 얻는다면, 모든 걱정을 초월하여 근심 없는 자, 절대 평화의 세계에 들어간 자가 될 것이다.

불교는 세상을 고통의 바다(苦海)라 한다. 나고, 늙고, 병들고, 죽는 이 모든 것이 쓴물이라는 것이다. 그래서인가 유독 번뇌에 대한 언급이 많다. 번뇌를 뜻하는 산스크리트어 '클레사^{klésa}'는 괴로운 마음, 더러워진 마음을 뜻한다. 경전에서는 번뇌를 미혹함, 잠듦, 물듦, 얽매임 등으로 풀이한다. 탐욕(貪)과 성냄(瞋)과 어리석음(痴)이라는 근본 번뇌를 시작으로 게으름, 불신, 경망스러움, 교만 등 20종의 번뇌가 이어진다. 번뇌의 가짓수가 얼마나 많으면 백팔 번뇌, 팔만사천 번뇌라 하지 않나. 가히 불교는 번뇌에서 피어난 연꽃이라 할 만한다.

불교의 진수는 '놓여남(解脫)'을 제시하는 대목에 있다. 괴로움의 망망대해에서 한없이 허우적거리지 않고 물 위로 가뿐히 올라설 수 있다는 복된 소식이다. 물속을 자유롭게 유영하는 방법을 전하는 것, 그것이 2500년을 이어져 내려오는 깨달음(佛)을 위한 가르침(教)이다. 그렇기에 하고많은 번뇌는 마음의 자유영이자 평영이며, 접영을 득할 수 있는 통로이며 방편에 다름 아니다. 고통을 통해 삶의 근본 문제에 대한 무명(無明)을 벗어 버리고 수만 가지 괴로움을 푸는 해법을 얻게 된다니, 번뇌가 곧 깨달음(菩提)이라는 공식이 성립한다. 번뇌는 지복(至福)의 옆모습이다.

번뇌 가운데 죽음만 한 게 있을까? '인간이 죽는다는 사실'을 성욕보다 강한 억압으로 본 신 프로이드 학파 어니스트 베커는 인간이 하는 일은 모두 죽음을 회피하기 위한 것으로 분석했다. 그가 쓴 『죽음의 부정The Denial of Death』은 죽음인식의 심층을 다룬 죽음학의 고전이 되었다.[8]

죽음을 이해하면 팔만사천 번뇌가 풀리고, 삶이 한결 밝아질 듯하다. 우리는 죽음을 얼마나 알고, 어떻게 이해하고 있을까? 안타깝게도 한국인에게 죽음은 부정의 상징이다. 재수없고, 끔찍스럽고, 괴롭고 고통스러운 것으로 대개가 암울하고 부정적인 정서가 압도적이다. 강하게 회피하고 터부시하는 영역이다 보니 죽음을 올바르게 이해하고 이를 준비하는 것은 평생을 두고도 요원한 일이 되곤 한다. 정말 죽음은 나쁜 것일까?[9]

"태어나기 전에 인간에게 최소한 열 달을 준비하게 하는 신은 죽을 때는 아무 준비도 시키지 않는다. 그래서 삶 전체가 죽음에 대한 준비라고 성인들이 일찍이 말했던가. 어떻게 죽을 것인가 생각하는 인간은 분명 어떻게 살 것인가를 안다."[10]

군이 소설 속 작가의 말을 빌리지 않아도 죽음은 현현한 삶의 문제이다. 하이데거도 말했듯이 인간은 도리 없이 '죽음으로의 존재 Sein zum Tode'인 것이다. 살아 있다는 것은 죽어가고 있는 것에 다름 아니다.[11]

어느 날 느닷없이 죽음을 당하는 것이 아니라 정성껏 죽음을 맞을 준비를 한다면 삶 또한 성스러워질 듯하다. 매 순간 '죽어감'을 기억하면 그날이 그날이고, 그 사람이 그 사람일 수 없다. 죽어가고 있기에 살아가는 이 순간이 더없이 소중하고 귀하다. 영원히 같은 순간은 찰나도 없다. 마디마디가 새것이고, 처음이자 마지막이다. 죽음이라는 어찌할 수 없는 극한 번뇌가 대 희망으로 다가온다. 죽음이 있기에 삶이 값지고 아름다울 수 있기 때문이다. 이생에서 사람이라는 이름으로 해야 할 일을 다 마치고 가볍게 떠날 수 있는 죽음은 얼마나 멋진 새 여행이 될까? 광활한 우주에 지구가 다가 아니듯 사람이 다는 아닐 테니…….

고생물학과 지질학을 전공한 과학자이기도 했던 테야르 드 샤르댕 신부는 이렇게 말한다. "우리는 영적 체험을 하는 인간이 아니라 인간이 된 체험을 하는 영적 존재다."라고.[12] 사람이라는 옷을 입고 있을 때 해야 할 본업이 무엇인지를 알고 옷을 벗을 수만 있다면 진정 '성공한 사람'이다. 삶과 죽음의 경계를 넘어선 '우주적 성공'이다. 번뇌의 화살을 뽑아라.

피안에 이르는 길

아지타가 물었다.

"세상은 무엇에 덮여 있습니까. 세상은 무엇 때문에 빛을 내지 않습니까. 세상을 더럽히는 것은 무엇입니까. 세상의 가장 커다란 두려움은 무엇입니까? 그것을 말씀해 주십시오."

스승은 대답하셨다.

"아지타여, 세상은 무지에 덮여 있다. 세상은 탐욕과 게으름 때문에 빛을 내지 않는다. 욕심은 세상의 더러움이며, 고뇌는 세상의 가장 커다란 두려움이라고 나는 말한다."

아지타가 물었다.

"번뇌의 흐름은 어느 곳에나 있습니다. 그 흐름을 막는 것은 무엇입니까. 그 흐름을 막고 그치게 하는 것은 무엇입니까. 그것을 말씀해 주십시오."

스승은 대답하셨다.

"아지타여, 세상에서 모든 번뇌의 흐름을 막는 것은 조심하는 일이다. 그것이 번뇌의 흐름을 막고 그치게 한다. 그 흐름은 지혜로 막을 수 있는 것이다."

아지타가 물었다.
"지혜와 조심하는 일과 이름과 형태는 어떤 때 소멸합니까? 그것을 말씀해 주십시오."

"아지타여, 그대의 질문에 답하리라. 식별 작용이 없어질 때 이름과 형태가 남김없이 사라진다."

"이 세상에는 진리를 찾아 밝힌 사람도 있고, 배우고 있는 사람도 있으며, 범부도 있습니다. 바라건대, 현자께서는 그들의 행동을 말씀해 주십시오."

"수행자는 여러 가지 욕망에 빠져서는 안 된다. 마음이 혼탁해서는 안 된다. 모든 사물의 본질을 깨달아 정신을 차리고 수행해야 한다."

『숫타니파타』의 마지막 장인 「피안(彼岸)에 이르는 길」은 다른 장과 달리 묻고 답하는 대화체로 불교 초기 경전인 『숫타니파타』 중에서도 가장 오래된 장으로 알려져 있다. 거센 번뇌의 물살을 이겨내고 피안에 이르기 위한 방도를 묻는 바라문에게 눈 뜬 이의 답은 간결하기만 하다. 이처럼 삶의 해답은 어쩌면 그리 어려운 것이 아닐 수도 있다.

바라문 아지타의 질문은 수천 년을 지난 지금도 여전히 '살아 있는' 질문이다. '나'를 지배하는 것이 무엇이며, 왜 이리도 답답한가? 큰 두려움은 무엇인가? "그것을 말씀해 주십시오!" 눈 밝은 스승은 무지가 나를 덮고 있다고 알려 준다. 이 경을 거울삼아 물끄러미 들여다보고 있으려니 얼핏 '모름'이라는 옷자락에 가려진 속살이 내비친다. 끝없이 욕망하고 게을러지고 두려움에서 벗어나지 못하는 이유가 어쩌면 무언가를 알지 못하기 때문은 아닐까 하는 의구심이다. 작은 '아하!'다.

무엇을 모른다는 것인가? 달리 생각해 보자. 대체 무엇을 알아야 하는가? 그리스 델피 신전 입구에 새겨진 오래된 경구가 떠오른다. 너무나도 잘 알려져 있는 "너 자신을 알라gnothi seauton."다. 그런데 현실은 거꾸로 간다. 남에 대해서는 참 많이 알고, 아무리 알아도 모자란 듯 살피기를 멈추지 않는다. 그도 부족해 둘만 모이면 뒷담화로 성급하게 '그는 이런 사람'이라고 결론도 낸다. 헌데 어쩌나, 고대 지혜전통이 명하는 것은 남이 아닌 나를 알라는 것임을. 헛일로 새어 나가는 시간은 나도 함께 잃어 가는 시간들이다. 한 편의 시를 읽어 본다. 제목은 '너는 누구인가?'[13]다.

그녀는 차를 타고 가고 있었다. 그런데 갑자기 뒤에서 큰 화물트럭이 덮치면서 꽝 소리가 났다. 그 순간 그녀는 모든 것이 아득해졌다.

그녀는 누군가로부터 질문을 받았다.

"너는 누구인가?"

그녀는 자신의 이름과 주민등록번호 그리고 주소를 댔다.

들려오는 소리가 다시 물었다.

"나는 너희 사회에서의 그런 분류 형식을 묻지 않았다.

'너는 누구인가?'라고 물었다."

그녀는 대답했다.

"네, 저는 사장의 부인입니다. 남들이 저를 가리켜 사모님이라고 부르기도 합니다."

그러자 들려오는 소리는 말했다.

"나는 누구의 부인이냐고 묻지 않았다. '너는 누구인가'라고 물었다."

그녀는 다시 대답했다.

"네, 저는 1남1녀의 어머니입니다. 딸아이는 특히 피아노에 천재적인 재능이 있습니다. 얼마 전에는 어떤 신문사 주최의 음악 콩쿠르에서 상을 받아 오기도 하였습니다."

그런데도 들려오는 소리는 계속 물었다.

"나는 누구의 어머니냐고 묻지 않았다. '너는 누구인가'라고 물었다."

그녀는 침이 마른 혀로 대답했다.

"저는 교회를 다니고 있습니다. 간혹 불우이웃돕기에도 앞장섰습니다.
저희 교회에 다니는 사람들은 저를 알고 있습니다."

그래도 들려오는 소리의 질문은 그치지 않았다

"나는 너의 종교를 묻지 않았다. '너는 누구인가'라고 물었다."

그녀는 응급실에서 깨어나면서 중얼거리고 있었다.

"내가 누구인지 좀 가르쳐 주세요. 내가 누구인지……."

우리 이야기다. 얼마든지 바꿀 수 있는 이름 서너 자, 명함에 박힌
소속과 직위, 두꺼운 화장을 지우고, 멋들어진 양복을 벗어 버리고
난 뒤 민낯에 알몸뚱이로 서 있는 나는 누구인가? 존재 자체로 빛을
발하는 너 자신을 알고 있는가 하는 간곡한 물음이다.

불가에서는 이처럼 좀체 풀리지 않는 물음을 화두라고 한다. '뿌
리 없는 나무', '한손으로 치는 손뼉 소리' 같은 황당한 질문이 화두
가 된다. 놀라운 것은 이런 밑도 끝도 없는 질문조차 닭이 알을 품
듯 정성껏 품다 보면 어느 순간 '툭' 하고 매듭이 풀어지듯 그 답이
시원하게 펼쳐진다는 것이다. 선불교에서 말하는 화두타파, 화두참
선이다.

수백 가지 공안(公案)들을 제쳐 두고 '나는 누구인가'를 물으며 자

기를 알라고 설파하며 전 세계를 다닌 선사가 있다. 세계 4대 성불 중 하나로 추앙받다가 10여 년 전에 입적한 숭산(崇山) 대선사다. 그가 던진 "나는 누구인가What am I?"와 "오직 모를 뿐Only don't know"이라는 화두에 서구의 수많은 엘리트들이 머리를 깎았다. 그는 '내가 누구인지'를 '모를 뿐'으로 찾으라고 가르쳤다. 경전 속 눈 밝은 스승의 가르침처럼 간단하기 짝이 없다.

내가 누군지도 아리송한데 "모를 뿐"은 또 무언가? 경제학자인 폴 새뮤얼슨은 '안다'는 말의 다양한 층위를 지식의 공리axioms of knowledge라 이름하고 이를 5가지로 분류한다.[14] 첫째는 알아차림awareness으로 세상의 가능한 상태에 대한 의식을 의미한다. 둘째는 박식함omniscience이다. 우리가 알고 있는 것이 무엇을 시사하고 있는지 알고 있다는 것이다. 셋째는 지식knowledge으로 이미 발생한 사건들의 진실에 대한 이해를 뜻하며, 넷째는 투명transparency으로 우리가 안다는 것을 알지 않고서는 무엇인가를 알 수 없다. 다섯째는 무엇을 모르는지를 아는 것으로 지혜wisdom의 단계. 경제학자인 그 역시 모름을 아는 것이야말로 참다운 이해요 지혜임을 밝히는 대목이 흥미롭다. 이는 모르는 것에 대한 앎이기에 말로 설할 수 없다는 붓다의 무기설(無記說)과도 상통한다.

나는 누구인가에서 모를 뿐이라는 피안으로 가기 위해서는 먼저 '생각'이라는 뗏목이 필요하다. "나는 생각한다. 고로 나는 존재한다cogito ergo sum."라고 정식화한 데카르트의 명제처럼 우선은 치밀한 사유를 통해 존재를 규명해 가는 과정이다. 의심은 데카르트식 화두다. 그는 의심할 이유가 있는 모든 존재에 대한 집요한 회의 끝에는 의문을 멈춰야 하는 지점이 있음을 알아냈다. 생각을 통해 존재에 도달했다면, 다음 여정은 생각을 덜어냄으로써 '생각으로 이루어진 나, 이전의 나'라는 존재의 바탕이 되는 종착점을 향해 내달릴 차례다. 처음에 사용된 방편으로서의 생각은 더 이상 필요하지 않다. 강을 건넌 뒤 배가 필요 없듯이.

분별하는 생각을 여읜 자리, 오감이 멈춘 자리, 일체의 생각 이전의 자리가 '모를 뿐'이다. 이 자리에는 아무것도 설 수가 없다. 요란한 기쁨도, 가슴 저리는 아픔도, 미움도, 성냄도, 그 어떤 마음도 머물 수 없다. 다석 류영모 선생의 말처럼 '빈 탕한' 곳이다. 존재의 근원이 자연으로 어우러지고, 그래서 한 번도 분리된 적 없는 나와 일체 것들과의 연결선이 선명해지는 그 지점은 언설로는 표현될 수 없기에 그대로 전지(全知)한 모름의 자리가 된다.

'오직 모를 뿐'은 '나는 누구인가?'라는 세상과 우주로 통하는 문을 여는 열쇠다. 나를 아는 것은 빛을 가리고 있는 어둑한 구름을 걷어내는 것이며, 때를 벗어 맑아지는 것이며, 세상의 허다한 두려움에서 놓여나는 것이다. 내가 누구인지를 모르는 것이 무명이며, 팔만사천 가지 고통의 근원이다.

진짜 나는 누구인가?

오직 모를 뿐!

물에
그려지 않는
바람 처럼

道德經

五

도덕경

머물지 말고 흘러라

학문의 길은 하루하루 쌓아가는 것
도의 길은 하루하루 없애가는 것

『도덕경』은 중국 춘추전국시대의 사상가 노자가 지었다고 전해지는 책이다. 한자로 모두 약 5,000여 자, 상편 「도경(道經)」 37장과 하편 「덕경(德經)」 44장으로 이루어져 있다. 기원전 4세기부터 한나라 초에 걸쳐 집적된 것으로 미루어 한 시대, 한 사람의 작품으로 보기 어렵다는 것이 정설이다.

'도덕'이라 해서 '인의예지' 같은 윤리를 말하는 책이 아니며, 약삭빠른 처세서는 더더구나 아니다. 『도덕경』은 삶의 바탕이 무언지를 일깨우는 각성의 글이다. 물 같은 도의 흐름을 깨달아 자유하고 자재하는 삶을 누리라는 희망의 메시지이다. 2500년 전에 살았던 노자를 지금도 설렘으로 만날 수 있는 이유다.

흥미로운 일인지 안타까운 일인지 노자 당시의 시대 상황과 지금의 한국 사회는 너무도 닮아 있다. 극심한 사회혼란과 지배층의 부패, 갈등과 분쟁이 끊이지 않았던 당시의 고민들은 고스란히 오늘날의 과제다. 인간다움과 바람직한 사회상을 모색했던 노자의 성찰이 어느 때보다 절실한 이유다. 나아가『도덕경』특유의 자연사상과 여성관은 21세기가 안고 있는 전 지구적 환경문제와 생명평화 사상과도 깊이 맞닿아 있다.

『도덕경』이 헤겔이나 하이데거, 톨스토이를 비롯해 현대 통합심리학의 주창자인 켄 윌버에 이르기까지 서양의 철학자나 사상가들에게 미친 영향은 헤아릴 수 없다. 선악으로 대비되는 서양철학의 이원론을 극복하고 대립이 아닌 상생과 조화, 물처럼 흐르는 자연스러움을 이야기하고 있기에『도덕경』은 시대를 초월해 진리로 다가가는 길이자 새로운 세계관, 새로운 지혜를 열어 주는 귀중한 수양서다.

노자의 음성에 귀를 기울여 본다.

신비의 문

'도'라고 할 수 있는 '도'는 영원한 '도'가 아닙니다.
이름 지을 수 있는 이름은 영원한 이름이 아닙니다.

이름 붙일 수 없는 그 무엇이 하늘과 땅의 시원.

이름 붙일 수 있는 것은 온갖 것의 어머니.

그러므로 언제나 욕심이 없으면 그 신비함을 볼 수 있고,
언제나 욕심이 있으면 그 나타남을 볼 수 있습니다.

둘 다 근원은 같은 것.
이름이 다를 뿐 둘 다 신비스러운 것.
신비 중의 신비요, 모든 신비의 문입니다.[1]

『도덕경』으로 들어가는 문은 '도(道)'다. 그런데 문 없는 문이다.
대도무문(大道無門)이라 했던가, 드는 곳도 나는 곳도 따로 정해져
있지 않다. 뭐라고 이름 달 여지도 없이 온전히 열려 있는 허공 같
은 문이니 천지가 문인 셈이다. 그래서 『도덕경』은 "아는 사람은 말
하지 않고(知者不言), 말하는 사람은 알지 못한다(言者不知)."고 한다.
이 신비스러운 문을 보려면 눈이 밝아야만 한다. 작은 나(自我)로는
큰 문을 측량할 길이 없기 때문이다. 혜안(慧眼)이 뜨인 큰 나(超我)
여야 하니, 『도덕경』은 작은 나의 죽음과 큰 나의 부활을 재촉하는
경전이다.

도가도 비상도 명가명 비상명

道可道 非常道 名可名 非常名

'도'라고 할 수 있는 '도'는 영원한 '도'가 아니며
이름 지을 수 있는 이름은 영원한 이름이 아니다

『도덕경』의 첫 장, 첫 구절로, 이 구절의 뜻만 체득하면 그대로 책
장을 덮으면 된다고 할 정도로 핵심적인 내용이다. '도'가 무엇이기
에 말도 꺼내지 말라는 것인가? '도'는 우주 그리고 그 안에 있는 모
든 것이 존재하도록 하는 무엇, 그리고 그것이 움직이도록 하는 기
본 원리, 그것으로 말미암지 않고는 아무것도 존재하거나 움직일
수 없는 우주의 기본 원칙 같은 것이다. 그런 의미에서 '궁극실재(窮
極實在)'이며, '덕'은 그런 도가 인간이나 사물 속에서 자연스럽게 구
현될 때 얻어지는 '힘(德)' 이라 할 수 있다.[2]
　『도덕경』 안에서 도는 여러 형태로 나타난다. 물이 되기도 하고,
다듬지 않은 통나무(樸)가 되기도 한다. 『도덕경』 자체의 풀이로 도
를 가늠해 보는 것이 어쩌면 가장 빠른 길일지도 모른다. 근원으로
서의 도를 이야기하는 25장이다.

　분화되지 않은 완전한 무엇,
　하늘과 땅보다 먼저 있었습니다.
　소리도 없고, 형체도 없고,

무엇에 의존하지도 않고, 변하지도 않고,

두루 편만하여 계속 움직이나 [없어질] 위험이 없습니다.

가히 세상의 어머니라 하겠습니다.

나는 그 이름을 모릅니다.

그저 '도'라 불러 봅니다.

구태여 형용하라 한다면 '크다(大)'고 하겠습니다.

크다고 하는 것은 끝없이 뻗어 간다는 것,

끝없이 뻗어 간다는 것은 멀리 멀리 간다는 것,

멀리 멀리 나간다는 것은 되돌아가는 것입니다.

그러므로 도도 크고, 하늘도 크고, 땅도 크고, 임금도 큽니다.

세상에는 네 가지 큰 것이 있는데 사람도 그 가운데 하나입니다.

사람은 땅을 본받고, 땅은 하늘을 본받고, 하늘은 도를 본받고,

도는 '스스로 그러함'을 본받습니다.

이 장은 큰 도를 말하고 있지만 뒤에 있는 32장은 소박하고 낮은 자리로 향하는 도의 다른 성품을 그린다. 고졸(古拙)과 질박(質朴)이다.

'도'는 영원한 실재,

이름 붙일 수 없는 무엇.

다듬지 않은 통나무처럼 비록 보잘것없이 보이지만,

이를 다스릴 자 세상에 없습니다.

임금이나 제후가 이를 지킬 줄 알면,

모든 것이 저절로 순복할 것이요,

하늘과 땅이 서로 합하여 감로를 내릴 것이요,

명령하지 않아도 백성이 스스로 고르게 될 것입니다.

[다듬지 않은 통나무가] 마름질을 당하면

이름이 생깁니다.

이름이 생기면 멈출 줄도 알아야 합니다.

멈출 줄을 알면 위태롭지는 않습니다.

이를테면, 세상이 도(道)로 돌아감은

마치 개천과 계곡의 물이

강이나 바다로 흘러듦과 같습니다.

　사람에게는 크게 2개의 '나'가 있다고 한다. 여러 학자들이 저마다 다양한 표현으로 이를 정의했지만, 순우리말로 우리에게 쉽게 다가오는 것이 다석 류영모의 '몸나'와 '얼나'다. 몸나는 제나(自我)로 짐승의 성질(獸性)과 다를 바 없다. 욕망하고, 으르렁거리고, 한 치 앞도 보지 못하는 어두움이 속성이다. '참나' 혹은 얼나는 시간을 초월한 영원한 생명이고, 공간을 초월한 무한한 생명이며, 인간을 초월한 신령한 생명이다.[3]

류영모의 설명을 좀 들어보자.

"이 몸은 참나가 아니다. 참나를 실은 수레라고나 할까. 얼의 나는 보이지 않지만 있다는 것을 알아야 한다. 이 얼의 나는 예수의 얼나와 석가의 얼나가 한 생명이다. 눈은 눈 자체를 보지 못하지만 다른 것을 봄으로 눈이 있는 것을 알 수 있듯이. 얼의 나는 얼을 볼 수는 없지만 참된 거룩한 생각이 솟아나오니까 얼나가 있는 줄 안다. 참을 생각하는 것이 얼나가 있다는 증거다. 얼나가 있으면 하느님도 계시다는 것이다. 얼나가 없다는 것은 자기 무시요 자기 모독이다."4)

몸에서 정신으로 거듭나는 것이 '솟남'이요, 이러한 생명의 전환이야말로 참된 회개다.

"우리는 몸 생명에서 얼 생명으로 거듭나야 한다. 그렇지 못하면 멸망할 짐승이다. 이 몸은 짐승이라 죽는다. 이 몸을 참나로 생각하면 멸망이다. 이 몸은 죽어도 얼은 죽지 않는다는 것을 아는 것이 회개다."

유영모의 얼나는 진여(眞如), 법계(法界), 공(空), 참나와 동의어다. 그리고 『도덕경』이 말하는 도의 다른 표현이다.

힌두교에서는 "탓 트밤 아시Tat tvam asi", 즉 "그대가 그것이다. 진정한 그대는 궁극의 에너지 그것이며, 우주 속의 모든 것은 그 궁극의 에너지의 현시다."라고 말한다. '진정한 나'는 보통 그것이 인간의 가장 '깊은' 핵심임을, 또한 대단히 주관적이고, 내적이고, 개인적이고, 추상적이고, 안쪽에 내재된 무엇임을 암시하는 일련의 호칭들로 불린다. 현자들은 예외 없이 "천국은 그대 안에 있다."고 말한다.[5] 우리의 본성을, 진리를, 도를 밖이 아닌 '안에서' 탐구하라는 뜻이다.

도가 어려운 듯하나 욕심만 걸러내면 그 나타남을 볼 수 있다. 도가 어려운 것이 아니라 욕심을 떼어내는 일이 늘 어렵다. 욕심 하나 빼면 내가 대도로 드는 큰 문이 된다. "내가 길이요, 진리요, 생명"이라는 신비의 문에 들어서는 것이다.

함이 없는 함

훌륭하다는 사람 떠받들지 마십시오.
사람 사이에 다투는 일 없어질 것입니다.
귀중하다는 것 귀히 여기지 마십시오.
사람 사이에 훔치는 일 없어질 것입니다.
탐날 만한 것 보이지 마십시오.
사람의 마음 산란해지지 않을 것입니다.

그러므로 성인이 다스리게 되면 사람들로
마음은 비우고 배는 든든하게 하며,
뜻은 약하게 하고 뼈는 튼튼하게 합니다.

사람들로 지식도 없애고 욕망도 없애고,

영리하다는 자들 함부로 하겠다는 짓도 못하게 합니다.

억지로 하는 함이 없으면

다스려지지 않는 것이 하나도 없습니다.

『도덕경』 3장이다. 짤막한 글이지만 긴 생각을 하게 한다. "억지로 하는 함이 없으면 다스려지지 않는 것이 하나도 없다(爲無爲則無不治)."는 일견 모순되는 이 문장의 참뜻을 곱씹어 본다.

노자는 사회가 당연하게 여기는 것을 당연하게 생각하지 않고, 인위적으로 체계화된 사회질서에 반기를 든 개혁가였다. 가령 공자가 찬물도 위아래가 있으니 가려 마시라고 했다면, 노자는 위아래 따지지 말고 목마른 사람이 먼저 마시라는 투다. 공자가 수직으로 질서정연하게 통합된 사회를 꿈꿨다면 노자는 다양성과 개방성을 추구하는 수평사회를 지향한 사상가다. 특히 이 장에서는 이상적인 성인(聖人)의 모습을, 남을 누르는 일체의 행동을 하지 않도록 사람들을 이끄는 자로 묘사하고 있다. 무지(無知)와 무욕(無慾)과 무위(無爲)를 지향하는 다스림이다.

경직된 지식과 '금방 쓰레기가 될 정보obsoledge=obsolete knowledge'들을 걷어내야 통찰과 직관이 들어설 수 있는 빈 방, 무지의 방이 나타난다.

"노자의 무지는, 인간이 무관심할 수 있는 상황에서 무관심할 수 있는 여유, 그리고 불필요한 지식에 오염되지 않은 영혼의 순결함, 그리고 인격의 소박함, 그리고 생활의 단순함이다. 순결, 소박, 단순! 이런 것들을 노자는 '무지 무욕'이라 부르고 있다."[6]

무욕과 단순함에서 오는 '함doing'은 저절로 되는 함이다. 그리하여 '함이 없는 함(無爲)'이 된다. 무위를 '일체의 부자연스러운 행위를 하지 않는 것'으로 풀어 놓은 오강남 교수의 해석이 물처럼 흐른다.

"무위란 물론 '행위가 없음non-action'이다. 그러나 가만히 앉아서 무위도식하거나 빈둥거린다는 뜻이 결코 아니다. 무위란 보통 인간사에서 발견되는 인위적 행위, 과장된 행위, 쓸데없는 행위, 남을 의식하며 남 보라고 하는 행위, 자기 중심적 행위, 부산하게 설치는 행위, 억지로 하는 행위, 남의 일에 간섭하는 행위, 함부로 하는 행위 등 일체의 부자연스런 행위를 하지 않는다는 뜻이다. 행동이 너무나 자연스럽고natural 너무 자발적spontaneous이어서 자기가 하는 행동이 구태여 행동으로 느껴지지 않는 행동, 그래서 행동이라 이름 할 수도 없는 행동, 그런 행동이 바로 '무위의 위(無爲之爲)', '함이 없는 함'이라는 것이다."

이해득실을 계산하는 마음에 앞서 손이 절로 가고, 발이 절로 움직이는 자연스러운 행동이다. 이런 행동이기에 다스려지지 않는 것이 하나도 없는 온전함을 이룬다. 마치 부드럽기 그지없는 물이 티내는 일 없이 만물을 길러내는 것과 같다. 『도덕경』 43장이다.

세상에서 그지없이 부드러운 것이

세상에서 더할 수 없이 단단한 것을 이깁니다.

'없음(無有)'만이 틈이 없는 곳으로 들어갈 수 있습니다.

그러기에 나는 '함이 없음(無爲)'의 유익을 압니다.

말 없는 가르침, '함이 없음'의 유익에 미칠 만한 것이

세상에 드뭅니다.

이 궁리 저 궁리해가며 억지로 애쓸수록 그르치기 십상이다. 어설픈 꾀를 내려 놓고, 저절로 되는 하늘의 이치에 턱 맡겨 볼 일이다. 싸우지 않고 세상을 이길 수 있는 묘법이다.

다듬지 않은 통나무

성(聖)스런 체함을 그만두고 아는 체를 버리면

사람에게 이로움이 백 배나 더할 것입니다.

인(仁)을 그만두고 의(義)를 버리면

사람이 효성과 자애를 회복할 것입니다.

재간 부리기를 그만두고 이 보려는 마음을 버리면

도둑이 없어질 것입니다.

이 세 가지는 문명을 위하는 일이지만

그 자체만으로는 부족합니다.

그러므로 뭔가 덧붙이지 않을 수 없습니다.

물들이지 않은 명주의 순박함을 드러내고

다듬지 않은 통나무의 질박함을 품는 것,

'나' 중심의 생각을 적게 하고

욕심을 줄이는 것입니다.

　거룩한 체하고 아는 체하는 것을 버리면(絶聖棄智) 그 이로움이 백 배가 되고, 어진 체하지 않고 옳은 척하지 않으면(絶仁棄義) 참으로 윗사람을 섬기고 아랫사람에게 너그러워진다. 기교와 제 이익을 버리면(絶巧棄利) 남의 것을 탐내는 마음이 사라진다. 19장은 계속해서 '끊고(絶), 버릴 것(棄)'을 말하고 있다. 『도덕경』이 어려운 것은 이 경이 갖고 있는 원리의 심오함보다도 내 욕심을 들춰내고, 그것도 부족해 내려 놓을 것을 주문하고 있기 때문이 아닐까?

　티베트의 지혜는 "가장 좋은 출구는 문제를 뚫고 지나가는 것"이라고 가르쳐 준다. 온갖 꾸밈과 욕심으로 가득한 나를 뚫고 지나야 물들이지 않은 명주의 소박함과 다듬지 않은 통나무의 순수함에 이르러 온전한 삶을 살 수 있다는 것이다. 달라이 라마 이후 가장 주목받는 명상 스승 밍규르 린포체는 이 길고 꼬불꼬불한 '나'라고 하는 터널을 뚫고 지날 수 있는 실천 방법을 구체적으로 알려 준다.

그는 한때 미국 위스콘신 대학의 와이즈먼 뇌신경 연구소가 주관한 실험으로 신경과학자들로부터 '지구에서 가장 행복한 사람'이라는 별칭을 얻어 주목을 받기도 했다. 명상 수행이 뇌세포에 어떤 영향을 미치는지 관찰하고자 그의 뇌를 MRI로 촬영했는데, 그 결과 그가 언제나 누가 봐도 유쾌하고 행복한 사람일 수 있는 비밀이 밝혀진 것이다. '가장 행복한 사람'의 책 『The Joy of Living』과 『Joyful Wisdom』은 세계 13개국의 언어로 출간되었다.

밍규르 린포체에 의하면 욕심을 버리고 변함없는 행복에 이르기 위해서는 3가지 실천 단계가 필요하다. 귀 기울여 듣기, 참구(參究)하기, 그리고 명상이다.[7] 귀 기울여 듣기는 새로운 사실이나 생각을 듣고 받아들임을 의미한다. 배움의 첫 단계는 의미 있는 듣기에서 시작한다. 낯선 것에 대한 관용과 열린 자세가 새 문을 연다. 실천의 두 번째 단계는 참구해 보는 것이다. 귀 기울여 들은 것이 어떤 뜻인지 깊이 들여다보고 올바른 것인지 의문을 던져 보는 일이다. 중층적인 삶의 현상을 반조하는 일이다 보니 1 더하기 1처럼 쉽게 바로 답을 얻을 수 없는 경우가 대부분이다. 그러니 한결 더 지긋한 마음가짐으로 궁구하는 자세가 필요하다. 마지막 세 번째 단계는 명상이다. 듣고, 참구한 것들을 여물게 하는 것이 명상이다. 명상의 시작은 판단 없이 그저 바라봄이다. 정직한 바라봄을 통해 지식이 아닌 각성이 이끄는 삶을 살 수 있게 된다. 세계적 온라인 저널 〈허핑턴 포스트〉의 설립자 아리아나 허핑턴은 '더 많이, 더 빨리, 더 열심히'라는 성공철학 대신 위대한 정신과 영혼이 이끄는 성공의 새로운 기준, 새로운 좌표를 설정해야 한다고 역설한다. 우리가 진정으로 원하는 삶, 물질적으로 만족스런 삶을 넘어 진정으로 바람직한 삶을 살기 위해서는 '제3의 기준'이 필요하다는 것이다. 웰빙, 지혜, 경이로움, 베풂으로 세워지는 4개의 기둥이 그것이다. '제3의 기준'의 밑거름은 두말할 것도 없이 명상이다.

한국을 방문해 큰 감동과 반향을 일으킨 프란치스코 교황이 제시한 '행복 10계명' 역시 노자의 말씀과 공명한다. 행복에 이르는 10가지 비밀이다. 첫째, 내 방식의 삶을 살고 타인도 자신의 삶을 살도록 두자. 둘째, 타인에게 마음을 열고, 셋째, 조용히 나아가며, 넷째, 삶을 쉬면서 가자. 다섯째, 가족과 함께하며, 여섯째, 혁신적인 방법으로 젊은이들에게 가치 있는 일자리를 마련해 주고, 일곱째, 자연을 소중히 여기고 돌보며, 여덟째, 부정적인 태도를 버리고, 아홉째, 타인을 개종하려 말며, 마지막으로 열 번째, 평화를 위해 일하자는 메시지다.

'내 방식의 삶을 살고, 타인도 자신의 삶을 살도록 두자.'는 첫 번째 행복 계명을 자꾸 곱씹게 된다. 우리에게 가장 결핍된 삶의 태도이기 때문이리라. 남을 의식하지도, 남을 흉내 내려 하지도 말고 오롯이 자기의 기준으로 자신의 삶을 일궈, 자기만의 고유한 가치를 창조하라는 이 말은 제3의 기준으로 제3의 성공을 살라고 하는 허핑턴의 주장과 그대로 겹친다.

'다듬지 않은 통나무의 질박함을 품는 것'은 이러한 삶을 위해 '거짓 나'를 줄여 가는 것이다. 인위적이고 가식적인 나, 내 생각만 옳다고 주장하는 작은 나, 인색한 나, 만족을 모르는 나를 넘어 어디에도 물들지 않은 순전한 나로 돌아가는 것이다. 가장 아름답고 고귀한 나와의 만남이다.

하루하루 없애 가는 것

학문의 길은 하루하루 쌓아 가는 것.
도의 길은 하루하루 없애 가는 것.
없애고 또 없애
함이 없는 지경〔無爲〕에 이르십시오.
함이 없는 지경에 이르면
되지 않는 일이 없습니다.

세상을 다스리는 것은
억지 일 꾸미지 않을 때만 가능합니다.
아직도 억지 일을 꾸미면
세상을 다스리기엔 족하지 못합니다.

힌두교 경전『우파니샤드』는 2가지 지식을 말하고 있다. 하루는 제자가 스승을 찾아가 물었다. "스승이시여 무엇을 알아야 이 모든 것(우주)을 알 수 있습니까?" 스승은 대답했다. "젊은이여, 2가지 지식을 알아야 한다. 높은 지식과 낮은 지식이 그것이다. 종교의식, 천문학, 언어를 통한 학습, 그리고 온갖 종류의 예술 창작 행위, 이런 것들은 모두 '낮은 지식'이다. 그리고 깨어 있음(自覺)을 향한 모든 노력, 이것이 '높은 지식'이다.[8]

『우파니샤드』는 유한하고 이내 사라질 것에 대한 지식을 낮은 지식이라 하고, 브라만과 자기 자신에 대한 앎을 높은 지식이라 하고 있다.『도덕경』에서 말하는 하루하루 쌓아 가는 학문의 길은 낮은 지식이며, 하루하루 없애 가는 도의 길이 높은 지식이다.『논어』의 첫 장을 여는 '배우고 때때로 익히는 즐거움(學而時習之不亦說乎)'도 크고 중하지만 그것만 갖고는 부족하다는 얘기다. 쌓고 모아야 하는 낮은 지식은 높은 지식으로 가기 위한 사다리이자 징검다리가 되어야 한다는 것에 방점이 찍힌다.

배움의 길은 이렇듯 습득하는 과정이지만 도의 길은 매일 덜어 내며 가는 매 순간의 완성이다. 일손(日損), 하루하루 없애 간다는 것이 무언가? 노자는 "도를 생각하면 날마다 작은 나를 여의게 된다(爲道日損)."고 말한다. 낮은 지식이 몸 된 나를 양육하는 것이라면 이치를 구하는 높은 지식은 정신의 나인 우주적인 나를 일깨우고 발현케 한다.『장자』에 나오는 '마음 굶김(心齋)', '앉아서 잊음(坐

忘)', '작은 나를 여읨(吳喪我)'과 그대로 통한다. 성경의 가르침도 예외가 아니다. 변하고 사라질 몸을 위해 구하고 찾지 말고, 변치 않고 영원한 하늘의 큰 뜻을 위해 기도하고 노력하라고 당부한다.

"그러므로 염려하여 이르기를 무엇을 먹을까 무엇을 마실까 무엇을 입을까 하지 말라. 이는 다 이방인이 구하는 것이라. 너희 하늘 아버지께서 이 모든 것이 너희에게 있어야 할 줄을 아시느니라. 그런즉 너희는 먼저 그의 나라와 그의 의를 구하라. 그리하면 이 모든 것을 너희에게 더하시리라."⁹⁾

하루하루 없애 간다는 것은 낮은 지식으로 잔뜩 쌓아 두었던 현상에 대한 온갖 개념과 이분법적인 견해들, 좋고 싫은 감정들을 매일 지워 가라는 의미다. 고착된 알음알이들을 한 개 한 개 지워 감으로써 생각의 걸림돌들이 치워지면 '도'의 본향에 다가가는 것이다. 성경의 말씀처럼 내가 일일이 염려하며 애써 무언가를 하지 않아도 하늘의 님께서 이미 다 알고 모든 것을 더하신다는 약속을 경험하게 되는 향로(向路)다. 가다 넘어진다 한들 대수겠는가? 가고 또 가다 보면 어느새 '함이 없으되 되지 않는 일이 없는(無爲而無不爲)' 경지에 도달해 있을 것이다.

밖으로 나서서 무언가를 하고자 하려면 우선 배움을 넘어 비움을 익힌 연후여야 한다. 다석 류영모는 이렇게 말한다.

"정신이 육체를 이겨야 성숙한 정신이 된다. 죽음이란 육체의 패망이요 정신의 승리다. 그래서 예수는 십자가 위에서 내가 세상을 이겼다고 말하였다. 자기 육신의 죽음을 지켜볼 수 있는 것이 정신이다. 자기 육체의 죽음을 보고 미소 지을 수 있는 정신이 성숙한 정신이다. 세상을 사랑하는 사람은 하느님을 모른다. 세상을 미워하는 사람에게만 하느님이 걸어온다. 하느님은 우리들에게 하느님을 알고 싶은 생각을 일으켜 준다."[10]

"내가 세상을 이기었노라!" 예수의 승전보다. 이보다 더 통쾌한 인간 승리가 있을까? 싸우지 않고 이기는 승리며, 겨루지 않고 얻는 하늘나라다. 세상에 대한 비움으로 세상을 이길 수 있다. 지금 내 안에 들어 있는 숱한 상한 감정들과 뒤틀린 생각들을 매일매일 놓아버리는 것으로 세상을 향해 가는 첫걸음을 삼아 본다.

또 다른 장에서 『도덕경』은 '아무것도 없는 것'의 쓸모를 전하고 있다.

서른 개 바퀴살이 한 군데로 모여 바퀴통을 만드는 데
[그 가운데] 아무것도 없음(無) 때문에
수레의 쓸모가 생겨납니다.

흙을 빚어 그릇을 만드는 데
[그 가운데] 아무것도 없음 때문에
그릇의 쓸모가 생겨납니다.

문과 창을 뚫어 방을 만드는 데

[그 가운데] 아무것도 없음 때문에

방의 쓸모가 생겨납니다.

그러므로 있음은 이로움을 위한 것이지만

없음은 쓸모가 생겨나게 하는 것입니다.

삶이라는 수레가 잘 굴러가기 위해서는 '가운데'가 텅 비어 있어야 한다. "사람들이 모두 자기를 비우고 인생의 강을 흘러간다면 누가 능히 그를 해하겠습니까?" 장자가 말하는 '빈 배'가 된 상태 (20:3)다.[11] 아무것도 없는 빈 곳으로 인해 쓸모가 생겨난다. 내 삶의 한가운데에는 무엇이 있나? 텅 비어 있어야 할 곳에 무언가 잔뜩 들어 있어 버석버석 삐거덕거리는 것은 아닐까? 매일 덜어낼 일이다. 하루하루 없애 가는 것이 모든 것을 채우는 것이다. 부정의 진리다.

가장 좋은 것

가장 훌륭한 것은 물처럼 되는 것입니다.

물은 온갖 것을 위해 섬길 뿐,

그것들과 겨루는 일이 없고,

모두가 싫어하는 [낮은] 곳을 향하여 흐를 뿐입니다.

그러기에 물은 도에 가장 가까운 것입니다.

낮은 데를 찾아가 사는 자세

심연을 닮은 마음

사람됨을 갖춘 사귐

믿음직한 말

정의로운 다스림

힘을 다한 섬김

때를 가린 움직임.

겨루는 일이 없으니

나무람 받을 일도 없습니다.

그 유명한 상선약수(上善若水)가 나오는 『도덕경』 8장이다. 물처럼 되는 것이 가장 좋은 것이라 한다. 도가 덕이 되기 위한 구체적인 방법이다. 『도덕경』의 주제어기도 하다. 어머니, 계곡, 다듬지 않은 통나무 등 도의 성정을 빗댄 상징들이 여럿 등장하지만 그 가운데 최고는 물이다. 물의 작용과 같은 도란 어떤 것인가? 물처럼 되라는 것은 어떻게 살라는 말인가?

물은 온갖 것을 섬길 뿐, 그것들과 겨루지 않는다. 물은 그 흐름에 따라 만물을 생육하게 하고, 기른 자리에 연연하지 않고 담담히 흘러갈 뿐이다. 그리고 모든 성인이 그러했던 것처럼 사람들이 꺼리는 곳도 마다치 않고 낮은 데로 임한다. 더러운 곳은 씻기고, 갈급함을 해소하고, 생명을 북돋운다. 생수(生水)가 된다. 그리하여 물은 도에 가장 가까운 것이 된다.

물에는 7개의 '착한 성품(善)'이 있다. 낮은 데를 향하는 자세(居善地), 깊은 마음(心善淵), 어진 나눔(與善仁), 미쁜 말(言善信), 선한 다스림(政善治), 힘을 다한 섬김(事善能), 때에 맞는 움직임(動善時)이 그것이다. 뿐만 아니라 겨루는 일이 없으니 나무람 받을 일도 없다. 계곡에 흐르는 물을 보고 있노라면 절로 고개가 끄덕여진다. 돌부리가 있으면 휘감아 돌아가고, 낭떠러지를 만나면 그대로 제 몸을 맡겨 힘찬 폭포수가 된다. 천 갈래 만 갈래 흩어졌다가도 때가 되면 한줄기로 모여 큰 강을 이루고, 굽이굽이 흐르다가는 이윽고 바다가 된다.

물은 제 모습을 고집하지 않는다. 필요에 따라 딱딱한 얼음이 되기도 하고, 수증기가 되어 허공에 흩뿌리기도 한다. 물이 숭배의 대상이 되고, 정화수처럼 정성을 드리는 도구가 되는 연유를 알 듯하다. 이보다 더 숭고한 헌신, 큰 사랑이 어디 있나. 마디마디 가르침이다.

낮고 낮아져 제 형체까지 놓아 버릴 수 있는 물의 하심은 욕심으로 얼룩진 작은 나를 벗어난 우리 속의 진짜 나와 같다. 낮은 곳으로 흐르는 물은 자아의식을 넘어서는 의식 아래의 세계, 자아의 오만을 버리고 무의식에 대한 겸허한 자세를 견지하는 것이다.[12] 낙숫물이 마침내 바다를 만나듯 참 나를 만나는 것이야말로 물처럼 되는 것이다.

강과 바다가 모든 골짜기의 왕이 될 수 있는 까닭은
스스로 낮추기를 잘하기 때문입니다.
그래서 모든 골짜기의 왕이 되는 것입니다.

그러므로 성인은 위에 있어도 백성이 그 무거움을 느끼지 못하고,
앞에 있어도 백성이 그를 해롭게 여기지 않습니다.
그래서 세상 모든 사람이 그를 즐거이 받들고 싫어하지 않습니다.
겨루지 않기에 세상이 그와 더불어 겨루지 못합니다.[13]

잘남을 뽐내지 않을뿐더러 다른 허물을 대신 떠맡는 물. 더러운 걸레를 빨아도 걸레를 나무라거나 정죄하는 것이 아니라 아무 말 없이 그것을 그대로 수납한다. 세상 허물을 대신 지고 가는 셈이고, 이렇게 세상 허물을 짐으로써 세상을 깨끗하게 하는 것이다.[14] 제 몸이 더러워져도 물은 영원히 무구(無垢)하고 무우(無尤)할 뿐이다.

세상에서 그지없이 부드러운 것이

세상에서 더할 수 없이 단단한 것을 이깁니다.

'없음(無有)'만이 틈이 없는 곳에도 들어갈 수 있습니다.[15]

물처럼 되는 것 가운데 빠질 수 없는 것이 '부드러움'이다. 자기를 잃은 부드러움이기에 이기고 지는 일도 있을 수 없다. 그저 제 갈 길, 제 할 일을 할 뿐이다. 물이 도가 되는 이치는 어찌 보면 참 간단하다. 때 없고 원망이 없어서인가, 물소리만 들어도 마음이 편안해지고 고요한 자리에 들게 된다. 마음이 갈피를 잡지 못할 때는 물소리에 귀를 기울여 볼 일이다. 부드럽게 물이 전하는 소리가 들려온다. 가장 좋은 삶은 물처럼 되는 것이라고. 물에게서 배운다.

風風川終ぶせ

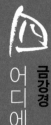

금강경

어디에도 매이지 않는 마음으로

마땅히 머무는 바 없이 그 마음을 내라

『금강경』의 온전한 이름은 『금강반야바라밀경(金剛般若波羅密經)』, 산스크리트어로는 Vajracchedikā Prajñāpāramitā Sūtra다. 줄여서 『금강반야경』이라고도 하고 영어로는 보통 'The Diamond Sutra'라고 부른다. '번개처럼 자르는 지혜를 완성하는 경', 혹은 '금강처럼 견고한 번뇌를 끊는 지혜경'이라 풀 수 있다. 능히 번뇌를 끊어버리는 경지를 말한다 해서 '능단반야바라밀경', 300송으로 이루어져 '300송의 반야경'이라고도 불린다. 600권의 대반야경 중 하나로 기원후 300년에서 500년 사이에 인도에서 조성되었다.

중국으로 넘어오면서 선종(禪宗)의 발흥과 더불어 『반야심경』과 함께 대승 경전 가운데 으뜸의 자리를 차지하게 되었다. 아직 대승이라는 말도 생기기 전에 대승의 공(空) 사상을 '공'이라는 말을 한 번도 쓰지 않고 가장 잘 전하고 있는 것으로도 유명하다.[1) 산스크리트어 원본이 현존하고 있으며, 잘 알려진 구마라집 번역서 외에 서장역, 한역 6종, 그 밖에 영어·독일어·프랑스어 등 전 세계적으로 수많은 번역서와 800여 종이나 되는 주석서가 있다. 불교를 넘어 전 지구적으로 비상한 관심을 한몸에 받고 있는 경이다.

『금강경』에는 시종 붓다의 제자인 수부띠Subhūti가 등장한다. 우리나라에서는 수보리(須菩利)라고 음역하고 '선현(善現)', '선실(善實)' 등으로 의역하기도 한다. 수보리는 붓다의 십대 제자 중 한 사람으로 공한 이치를 가장 잘 깨달은 수행자라 해서 해공제일(解空第一)로 알려져 있다. 최상의 삶(最上乘)과 최선의 삶(最善乘)을 증득하고자 하는 수보리의 수준 높은 질문과 붓다의 대답이 총 32개의 장으로 구성돼, 마치 주요 내용을 반복하면서 연주하는 한 편의 교향곡처럼 펼쳐진다.

이 책『경전 7첩 반상』에서는 『금강경』의 전부라고 일컬어지는 제1장 「법회인유분(法會因由分)」과 그 진수를 전하는 사구게(四句偈)를 미독(味讀)한다. 욕망이 아닌 순수 자비에 의한 보시와 평화로운 삶을 강조하는 『금강경』을 접하고 그중 사구게 하나만이라도 받아 남에게 전한다면, 그 공덕이 갠지즈 강의 모래알보다 더 많은 목숨을 바친 공덕보다 크다고 한다. 마조 도일의 제자 방거사의 노래는 금강경의 요체를 잘 말해준다.

경 자체에 본래 이름 따위 없어라

이를 받든다 한들 손짓 발짓과 소리 아니니

내 마음 상 없는 이치 알고 나면

이것이 진정 『금강경』이네[2]

이와 같이 나는 들었다

1. 이와 같이 나는 들었다.

한때 세존께서는 슈라와스띠의 제따 숲 급고독원에 많은 비구승가와 함께 머무셨나니, 1250인의 비구들과 많은 보살 마하살들과 같이.

그때 참으로 세존께서는 옷매무새를 가지런히 하시고 가사와 바루를 수하시고 슈라와스띠 큰 도시로 탁발을 위해서 들어가셨다. 탁발을 마치신 후 공양을 드셨다. 공양 후에는 탁발로부터 돌아오셔서 바루와 가사를 제자리에 내려놓으시고 두 발을 씻고 미리 준비된 자리에 앉으셨다. 가부좌를 결하고, 곧게 몸을 세우고, 전면(前面)에 마음챙김을 확립하시고서.

그때 많은 비구들이 세존께 나아갔다. 나아가서는 세존의 두 발에 머리를 대고 인사를 드리고서 세존을 오른 쪽으로 세 번 돌고서 한 쪽 곁에 앉았다.[3]

불교 경전은 흔히 남방불교라 일컬어지는 상좌부와 대승불교를 막론하고 모두 여시아문(如是我聞, evaṃ mayā śrutam), "이와 같이 나는 들었다."로 시작한다. 여기서 '나'란 싯다르타가 붓다가 된 날 태어나 뒤에 그의 제자가 된 사촌동생 아난이다. 아난은 구도자로서 과할 만큼 상당한 미남이었다고 한다. 외모로 인한 '아난의 여난'이 붓다의 걱정거리가 될 정도였다. 25년간 붓다의 시자로 정성을 다한 아난은 빼어난 외모만큼이나 비상한 기억력으로 또 다른 제자인 우바리와 함께 붓다 생존에 들은 모든 설법을 기억해 이를 모으고 묶는 데 큰 역할을 했다. 아난은 '귀(耳)의 존자'였다.

'들었다'는 것은 단순히 기계적으로 듣는다는 의미를 넘어 '배웠다'는 것을 뜻하며, 배움은 여러 지식과 수행을 두루 갖추어 인격의 고양을 이루었다는 뜻을 내포하고 있다.[4] 들은 말이기에 이것은 붓다의 말이자, 동시에 아난을 통해 전해진 말이니 아난의 말이기도 하다. 나아가 이제 내가 듣고 소화한다면 나의 말이 된다. 경전이 모두의 말이 되는 연유다.

붓다에게는 그를 높여 부르는 열 가지 존호(尊號)가 있다. 여래십호(如來十號)다. 열반의 피안에 이르는 사람이라는 뜻에서 여래(如來)라고 하고, 온갖 번뇌를 끊어 인간과 천상의 중생들로부터 공양을 받을 만한 사람이라는 뜻에서 응공(應供), 일체지(一切智)를 갖추어 우주의 모든 시공에 알지 못함이 없다는 뜻에서 정변지(正遍知), 계(戒)·정(定)·혜(慧)의 삼학(三學)을 두루 갖추어 최고의 깨달음을 얻었다는 뜻에서 명행족(明行足), 깨달음의 저 언덕에서 이 생사해에 빠지지 않는 분이라 해서 선서(善逝)라 한다. 또 세상의 온갖 일을 다 아는 분이라는 뜻에서 세간해(世間解), 모든 생물 가운데에서 가장 높은 분으로 위가 없이 큰 분이라는 뜻에서 무상사(無上士), 대자(大慈)·대비(大悲)·대지(大智)로서 중생을 대하여 때로는 부드러운 말, 때로는 간절한 말 등 여러 가지 말로써 중생을 제어하여 정도를 벗어나지 않게 하는 분이라는 뜻에서 조어장부(調御丈夫)라한다. 그리고 하늘과 땅의 스승이라는 뜻에서 천인사(天人師)라고하며, 마지막으로 세상에서 가장 존귀한 분이라는 뜻에서 세존(世尊)이라 한다.[5]

열 가지나 되는 붓다의 이름을 하나하나 이렇게 장황하게 풀어본 것은 그 이름들이 갖는 의미가 비단 2500년 전에 살았던 인간 붓다만이 아닌 깨달은 이, 붓다로서 우리 모두의 본래 성품과 가능성을 상징하는 것이기 때문이다. 붓다의 말이 내 말이 되듯이, 붓다의이름이 지닌 뜻을 되새기는 것 또한 아직 만나지 못한 나를 미리 보는 방편이 아니겠는가. 『금강경』을 읽는 것은 바로 그 또 다른 '나'를 만나는 일이다.

얼핏 보기에 제1장은 평범하다 못해 실망스럽기까지 하다. 단조롭기 그지없는 세존의 일과를 그저 보여줄 따름이다. 그런데도 많은 이들이 이 장을 일컬어 최상의 가르침이라 하고, 『금강경』은 첫장만 제대로 이해하면 뒤는 볼 것도 없다고들 한다. '하버드에서 화계사로' 왔던 현각 스님은 대중들과 함께 『금강경』 강독을 하면서, 제1장을 읽을 때는 "눈도 깜빡해서는 안 된다."며 이 짧은 글귀가 담고 있는 의미를 환기하곤 했다. 한마디 한마디를 허투루 지나치지 말고 세심히 주의를 기울여 보라는 말이다.

여느 때와 다르지 않았을 붓다의 하루를 따라가 보자. 아침에 일어나 옷을 입고, 발우를 들고 도시로 탁발을 나간다. 공양을 마치고 돌아와서는 빈 그릇과 겉옷을 제자리에 두고, 먼지가 묻었을 손발을 씻고, 바른 자세로 앉아 선정에 든다. 어제도, 그제도, 다음 날도, 그 다음 날도 똑같이. 옷을 입으며 오늘은 탁발로 무엇을 먹을 수 있을지, 어느 집 음식이 맛이 있었는데 하며 앞서가거나 매달리는 마음이 있었을까? 그렇지 않다. 지루할 정도로 꼼꼼히 묘사된 붓다의 일과는, 지금 하는 일이 다음을 위한 준비가 아니라 그 자체가 목적이며, 매 순간이 완성임을 깨우치는 말 없는 법문이다.

붓다는 『금강경』을 여는 첫 장에서 일상의 마디마디를 '다다른 자(至者)'로 사는 모습을 몸소 보여준다. 그에게는 오로지 현존(現存)만이 있을 뿐이다. 순간순간 이 자리에 마음이 있게 하고, 그 일에 전념하는 것이 최상의 깨달음을 얻은 자가 보여줄 수 있는 최선의 길(道)이라는 얘기다. 이 장 어느 곳에도 이적이나 기적은 없다. 요란한 신비도 없다. 평상심이다. 우리 일상과 다를 바 없는 그저 평범한 일과가 있을 뿐이다.

하지만 우리는 한시도 지금을 살지 못하기에 궁극적으로 붓다가 되지 못한다. 단순한 일은 하찮게 여겨지고 반복되는 일상은 지루하기만 하다. 몸은 회사에 있지만 마음은 산과 들을 쫓고, 또 산에 가 있으면 학교나 회사 주변을 어슬렁거린다. 밥 먹을 때 내일 만날 사람을 생각하고, 그 사람을 만나서는 또 다른 일로 허공을 오락가락한다. 생각이 쉴 틈이 없다. 현재는 어제나 내일 일에 대한 생각으로 늘 연기처럼 사라지고, 새어 나간 지금의 자리에는 초조와 불안이 왕처럼 군림한다. 붓다와 나 사이에 놓인 강이다.

흔히들 수행은 어려운 것이라 여긴다. 잠시 눈을 감고 앉아 마음을 모으는 명상조차 쉽지 않다며 고개를 흔든다. 현대인들은 복잡하고 어려운 일들은 척척 잘 해내면서도 오히려 쉽고 단조로운 것은 힘들어한다. 수행도 마찬가지다. 어려워서 못하는 게 아니라 너무 쉬워서 오히려 어려워한다. 단순한 일이라 해도 지속적으로 정성을 다함으로써 그 일에 남다른 길을 낸 사람, 다른 말로 도가 튼 사람을 우리는 달인(達人)이라 부른다. 묵묵히 어떤 일을 해낼 수 있는 끈기가 새로운 능력을 끌어내는 것이다.

최근 번역 출간된 올더스 헉슬리의 『영원의 철학The Perennial Philosophy』에는 끈기와 규칙성의 가치를 알려주는 주옥같은 명언들이 여럿 인용돼 있다.6)

영적 훈련 과정과 기도를 중단하는 사람은
새 한 마리가 손에서 빠져나가도록 허용한 사람이다.

그는 그 새를 다시 잡을 수 없다.

— 십자가의 성 요한

만일 그대가 "이제 충분하다. 나는 완전함에 도달했다."고 말한다면 모든 것을 잃는다. 왜냐하면 자신의 불완전성을 알게 만드는 것이 완전함의 기능이기 때문이다.

— 성 아우구스티누스

그대에게 말하노니 엄청난 노력 없이는 아무도 이런 탄생(영혼 안에서 실현되는 신의 탄생)을 경험할 수 없다. 자신의 마음을 사물에서 완전히 철수시키지 않는 한 이런 탄생에 도달할 수 없다.

— 에크하르트

한 곳에 머물지 못하는 복잡한 마음이 문제다. 어른이 되면서 굳어진 몸은 아이처럼 유연성을 회복해야 오래도록 건강한 삶을 살 수 있다고 한다. 마음도 아이처럼 되면 삶이 더 편안해질 듯하다. 순간을 자각하는 마음은 두 갈래일 수 없다. 순간을 살 수 있다면 어느 날도 어떤 순간도 같은 날, 같은 때일 수 없다. 할까 말까, 이것일까 저것일까 하는 것이 아니라 지금 하고 있는 '이 일'과 내가 온전히 하나로 통합되는 것이다. 바깥에 붙들림 없이 한 순간에 하나씩 온 마음을 다해 행하면 기쁨과 평안을 얻게 된다.

천상천하 유아독존(天上天下 唯我獨尊). 우리는 이미 누구나 홀로 가장 존귀한 사람이다. 응공이며, 여래이자, 천인사다. 당당히 어깨를 펴고 세존처럼 살아야 마땅하다.

곧 나를 보다

5. "이를 어떻게 생각하는가, 수보리여. 〔32가지 대인〕상을 구족했기 때문에 여래라고 봐야 하는가?"

수보리가 대답했다. "참으로 그렇지 않습니다. 세존이시여. 〔32가지 대인〕상을 구족했기 때문에 여래라고 보아서는 안 됩니다. 그것은 무슨 이유에서인가 하면, 세존이시여, 〔32가지 대인〕상을 구족한 것이 아니기 때문입니다."

이와 같이 대답하자 세존께서 수보리 존자에게 이렇게 말씀하셨다. "〔32가지 대인〕상을 구족〔했으므로 여래라고 보면〕 그것은 거짓이다. 〔32가지 대인〕상을 구족〔했으므로 여래라고 보지 않으면〕 그것은 거짓이 아니다. 참으로 이와 같이 〔32가지 대인〕상과 〔32가지 대인〕상이 아니라는 〔두 측면에서〕 여래를 보아야 한다."

붓다에게는 일반사람과 구별되는 서른두 가지 특별한 형상(相)

이 있었다고 한다. 머리 위에 육계가 있고, 미간에는 부드러운 흰털이 오른쪽으로 감겨 있으며, 치아가 마흔 개이고, 목소리는 낭랑하고 청정하며, 손이 길어서 무릎 아래로 내려오고, 몸은 위풍당당하여 사자와 같으며, 장딴지는 사슴처럼 섬세하다[7]등 경전에 묘사된 붓다의 형상은 그려질 듯 구체적이다. 하지만 붓다는 물론 수보리도 이와 같은 몸의 특징이나 형상으로는 여래를 볼 수 없다고 말한다. 복잡할 게 없다. 겉모습이 아무리 그럴듯해도 외형을 부여잡고 그게 진짜라고 믿으며 속아 넘어가지 말라는 가르침이다.

불가에서는 우리를 속이는 여섯 도둑이 있다고 가르친다. 눈·귀·코·혀·몸·뜻이 그것이다. 눈으로 보여 혹하게 하는 것, 귀로 들리는 온갖 그럴싸한 소리, 그리고 코와 혀로 마음을 산란하게 하는 것들이 모두 실재를 보지 못하게 마음을 빼앗아가는 도둑이라는 말이다. 그러니 꼭 만져지는 물체뿐만 아니라 보이지 않는 것들까지 포함하는 안팎의 온갖 현상이 도둑이 된다. 그런 것들에 꺼둘리면 '있는 그대로(如如)'의 여래, 있는 그대로의 실재를 볼 수 없을뿐더러 도둑맞은 고통에서 헤어 나오지 못한다. 『금강경』을 읽는 것은 문단속을 하는 것이다.

『금강경』의 핵심이요 요체라 할 사구게가 처음 등장하는 것은 제5장 「여리실견분(如理實見分)」이다.

범소유상 개시허망 약견제상비상 즉견여래

凡所有相 皆是虛妄 若見諸相非相 則見如來

무릇 형상 있는 것은 모두 허망한 것이니,
만약 모든 형상이 형상이 아님을 보면 곧 여래를 볼 것이다

더 풀어 보자. 이 세상 가운데 형상이 있는 모든 것들은 다 허망하여서, 만약 이처럼 모든 형상이 고정 불변하는 형상이 아니라는 사실을 알면 바로 깨닫게 된다는 말이다. 여기서 '허망'이라는 말은 단순히 헛됨을 뜻하는 것이 아니다. 항상 변하고 인연이 다하면 결국엔 거품처럼 사라진다는 의미다.

형상 중에 가장 허물기 어려운 것은 무엇일까? 나라고 하는 상, 곧 인식이다.

『금강경』은 우리가 지닌 '나'라고 하는 생각을 네 가지로 쪼개어 살핀다. 첫째는 자아(自我)에 대한 개념으로 '나'라고 하는 아상(我相, ego entity)이다. 둘째는 '나는 사람이다'라고 하는 인상(人相 personality)이며, 셋째는 아직 '깨닫지 못했다'고 하는 중생상(衆生相, living being)이다. 마지막, 넷째는 '나는 살아있는 생명'이라는 수자상(壽者相, separated individuality)으로, 삶과 죽음을 분리하는 제한된 인식이다. 이렇게 나와 남, 부처와 중생, 사람과 동물, 삶과 죽음으로 분리하고 한정하는 생각을 여의면 통합되고 하나로 연결된 실체로서의 나와 만물의 '그러함'을 볼 수 있다는 것이다.

'나'는 나 아닌 것들로 이루어져 있다. 그러니 나는 허명일 뿐이다. 그래서 무아(無我)다. '특징이 없는 특징', '형상이 아닌 형상'이다. 그것을 알 때, 즉 물의 표면(형상)이 아닌 열 길 물속(형상 아닌 형상)을 들여다볼 때 여래를 볼 수 있다. 나아가 나를 포함한 우주 삼라만상이 이미 그 자체로 온전함을 여실하게 보는 밝은 눈을 갖게 된다는 재촉의 말이다.

사구게의 한 구절만이라도 들어 알게 될 때의 공덕이 얼마나 큰가를 『금강경』은 여러 장에서 거듭 강조한다. 그중 하나만 보자.

"수보리야, 만약 어떤 선남자 선여인이 항하의 모래 수와 같은 목숨을 바쳐 보시했다 할지라도 만약 어떤 사람이 있어 이 경의 사구게 하나만이라도 받아 지녀 남을 위해 설해 준다면 그 복이 더 많으니라."

『금강경』 제13장의 일부다. '범소유상 개시허망 약견제상비상 즉견여래'. 이 한 구절이 갖는 깨달음의 파장은 말의 힘을 초월하는 곳에 닿아 있다. 즉견여래하면 즉견여아, 여래를 보면 곧 나를 본다는 것은 세상의 '그러함'을 보면 곧 참다운 나를 보게 된다는 말이다. 이것을 일컬어 번개처럼 가르는 지혜이자, 위없는 지혜의 완성이라한다. 『금강경』이다.

머물지 않는 마음

10. 세존께서 말씀하셨다. "이것을 어떻게 생각하는가, 수보리여. 여래가 연등 아래 아라한 정등각의 곁에서 얻은 그 어떤 법이 있는가?"

수보리가 대답했다. "참으로 그렇지 않습니다, 세존이시여. 여래가 연등 아래 아라한 정등각의 곁에서 얻은 그 어떤 법도 없습니다."

세존께서 말씀하셨다. "수보리여, 어떤 보살이 말하기를 '나는 [불]국토 건설을 이룩하리라.'라고 한다면 그는 거짓을 말하는 것이다. 그것은 무슨 이유에서인가? '[불]국토 건설, [불]국토 건설'이라고 하지만, 그것들은 [불국토] 건설이 아니라고 여래는 설하였나니 그래서 말하기를 '[불]국토 건설'이라고 하기 때문이다."

"그러므로 이제 수보리여, 보살 마하살은 이와 같이 머무르지 않는 마음을 내어야 한다. 어떤 것에도 머무르는 마음을 내지 않아야 한다. 형상에 머무르는 마음을 내지 않아야 하며 소리, 냄새, 맛, 감촉, 마음의 대상에 머무르는 마음을 내지 않아야 한다. 예를 들자면 어떤 사람이 구족한 몸과 큰 몸을 가지고 있다 하자. 그 몸이 이러한 형태여서 마치 산들의 왕인 수미산과 같다 하자. 이를 어떻게 생각하는가? 수보리여, 그 몸은 참으로 크다 하겠는가?"

수보리가 대답했다. "그것은 큽니다, 세존이시여. 그 몸은 큽니다, 선서시여. 그것은 무슨 이유에서인가 하면, 세존이시여, '몸, 몸'이라는 것, 그것은 몸이 아니라고 여래께서는 설하셨습니다. 그래서 말하기를 몸이라고 하기 때문입니다. 세존이시여, 참으로 그것은 몸이 아니며, 몸 아님도 아닙니다. 그래서 말하기를 몸이라고 합니다."

제10장은 안팎의 연에 기대지 않는 마음으로 정토의 장엄을 이룬다는 「장엄정토분(莊嚴淨土分)」, 『금강경』의 백미다. 마음을 닦는 이는 청정한 마음을 내어야 하는데, 이는 마땅히 어떤 형상에도 머물지 말고 마음을 내는 것이며, 마땅히 소리와 냄새·맛·감촉·대상에 머물지 않고 내는 마음임을 알려주고 있다. 『금강경』을 통틀어 단 한 줄을 뽑으라 하면 단연코 이 게송이다.

응무소주 이생기심

應無所住 而生其心

마땅히 머무는 바 없이 그 마음을 내라.

일자무식에 홀어머니를 모시고 곤궁한 삶을 꾸려가던 혜능이 어느 날 우연히 이 구절을 듣고 홀연히 깨쳤다고 하는 일화로도 잘 알려진 명구이다. 혜능은 초조 달마로부터 시작된 선가의 법통을 여섯 번째로 이어 육조 혜능이 되었다. 남종선(南宗禪)을 일으킨 그의 걸출한 법문은 후대 제자들이 완성한 『육조단경(六祖壇經)』을 통해 접할 수 있다.

머무는 바 없는 마음이란 어느 곳에건 주저앉거나 달라붙는 생각 없음(無念)이다. 마치 명경(明鏡)이 가까이 오는 모든 것들을 담아 비추지만 멀어지면 흔적도 없이 비는 것과 같다. 그러나 자칫 '내 마음은 맑은 거울이어야 한다.'는 애씀도 '머무름'이 된다. 일체의 머무름은 지혜의 눈을 흐리는 티끌이다. 머무름이 없다는 것은 폭풍의 눈처럼 한가운데 있으되 벗어나 있는 것이다.

왜 머물지 말아야 하나? 머무름은 집착을 낳고, 집착은 고통을 낳기 때문이다. '고통'을 의미하는 산스크리트어 '두카duhkha'는 내 마음대로 되지 않는 상태를 의미한다. '내 마음대로 되지 않는 것'이 괴로움이라니 생각할수록 옳고도 옳다. 불교에서는 인생사 온갖 괴로움을 여덟 가지(八苦)로 갈래 짓는다. 생로병사의 네 가지 고통(四苦)에 사랑하는 존재와 헤어지는 고통인 애별리고(愛別離苦), 반대로 영 마음에 들지 않는 존재와 맞닥뜨려야 하는 원증회고(怨憎會苦), 구하고 구해도 얻어지지 않는 구부득고(求不得苦), 마지막으로 물질과 정신으로 이루어진 5가지 덩어리인 '나'라고 하는 뿌리에서 오는 오온성고(伍蘊盛苦)다.

그야말로 내 뜻, 내 욕심, 내 바람이 기쁨도 되었다 괴로움도 되었다 한다. 마음대로 되면 기쁜데, 마음대로 되지 않으면 괴로워진다. 바깥 경계는 그대로인데 내 마음에 따라 기쁨이 되고 고통이 된다.

나라고는 하지만 내가 주인이 아니라 마음이 주인이다. 나는 그 마음에 휘둘려 한 번도 '내 마음대로' 살지 못하고 있는지 모른다. 마음이 문제다.

깨달음의 거울 『선가귀감(禪家龜鑑)』은 머물지 않는 마음이 곧 해탈이라고 말한다.

見境心不起가 名不生이요 不生이 名無念이요 無念이 名解脫이니라.[8]

어떤 현실에 처해서도 마음이 흔들리지 않는 것을 나지 않음이라 하고,
나지 않는 것을 생각 없음이라 하며, 생각 없는 것을 해탈이라 한다.

'마음'의 생김새를 거울처럼 비추는 인도의 고전 『우파니샤드』에서도 '내 마음대로', '머물지 않고 마음을 내는' 지혜를 엿볼 수 있다. 현상세계의 본질(브라만, Brahman)과 그 본질이 개체로 분화되어 나타났다고 하는 자아(아트만, Atman)에 대한 『우파니샤드』의 표현은 언어의 한계를 초월하는 경이로 다가온다. 고통의 시작이자 끝인 마음을 알아야 하는 이유를 조목조목 짚어 준다.

제자는 물었다.
누구의 의지로 하여 마음은 그 대상을 향해 나아가는가?
누구의 명령에 의해서 호흡은 들어오고 나가는가?

누구의 의지로 하여 인간은 말을 할 수 있는가?

이 눈과 귀를 지배하는 이는 누구인가?

스승은 말했다.

그것은 귀의 귀요 마음의 마음이다. 그것은 말의 말이요 눈의 눈이다. 그러므로 감각으로부터 자유로워질 때 우리는 이 세상을 초월하여 저 영원한 존재가 된다. 그것은 앎과 알지 못함을 초월해 있나니…… 우린 현자들로부터 이렇게 들었다.

그것은 언어로 설명할 수 없나니 언어가 오히려 그것에 의해서 설명되어진다. 그것이야말로 진정한 브라만이니 사람들이 브라만이라고 섬기는 모든 것은 브라만이 아니다. 그것은 마음에 의해서 사유되지 않나니 마음이 오히려 그것에 의해서 사유된다. 그것이야말로 진정한 의미에서의 브라만이니 사람들이 브라만이라 섬기는 모든 것은 브라만이 아니다.

(중략)

자각의 한순간 한순간을 통해서 브라만을 감지할 때 우리는 비로소 브라만을 깨닫게 된다. 이런 예지에 의해서 우리는 저 불멸에 이르게 되나니 자기 자신(아트만)을 통해서 죽음을 극복하는 힘을 얻을 수 있으며 지혜에 의해서 우리는 저 불멸에 이른다.

이 세상에서 아트만을 깨닫게 되면 그는 이 삶의 진정한 목표에 이르게
된다. 그러나 여기에서 아트만을 깨닫지 못하면 파멸이 그를 기다리고
있다. 그러므로 이 모든 존재 속에서 아트만을 깨달은 이는 이 세상(물
질 차원)을 떠나 저 불멸에 이르게 된다.9)

『우파니샤드』의 첫 장인 「카타 우파니샤드Katha Upanishad」중 위대한
비밀 7절의 축복이다.

대부분의 사람들은 아트만에 대한 말조차 듣지 못하고 있다. 설령 아
트만에 대해 들었다 해도 많은 사람들은 그 뜻을 제대로 알지 못하고
있다.
아트만을 이해한 사람, 그는 축복받은 이다.
아트만을 깨달은 사람, 그는 더욱 축복받은 이다.10)

불가의 『금강경』을 『육조단경』에 빗대어보고, 힌두교 경전인 『우
파니샤드』에 비추어 보니 '응무소주 이생기심'하는 마음새가 더욱
또렷해진다. 『금강경』은 『금강경』 아닌 모든 것들로 이루어졌기 때
문이리라. 온갖 경이 가리키고 있는 이 마음을 이해한 사람, 그는 축
복받은 이다. 마음을 깨달은 사람, 그는 더욱 축복받은 이다.

마음이 답이다. 머물지 않는 마음.

모습이나 음성으로 나를 구하면

26. "이것을 어떻게 생각하는가, 수보리여. [32가지 대인]상을 구족했기 때문에 여래라고 보아야 하는가?"

수보리가 대답했다. "참으로 그렇지 않습니다, 세존이시여. 제가 세존의 설하신 뜻을 깊이 아는 바로는 [32가지 대인]상을 구족했기 때문에 여래라고 보아서는 안 됩니다."

세존께서 말씀하셨다. "선재 선재라. 수보리여, 참으로 그러하다 수보리여, 참으로 그러하다. [32가지 대인]상을 구족했기 때문에 여래라고 봐서는 안 된다.

그것은 무슨 이유에서인가? 만일 다시 수보리여, [32가지 대인]상을 구족했기 때문에 여래라고 보아야 한다면 전륜성왕[11]도 역시 여래가 될 것이기 때문이다. 그러므로 [32가지 대인]상을 구족했기 때문에 여래라고 봐서는 안 된다."

수보리 존자가 세존께 이렇게 말씀드렸다. "제가 세존의 설하신 뜻을 깊이 아는 바로는 [32가지 대인]상을 구족했기 때문에 여래라고 봐서는 안 됩니다."

그러자 참으로 세존께서 그때에 이 게송을 읊으셨다.

"형상으로 나를 보았거나

소리로써 나를 찾았던 자들은

그릇되이 정진한 것이니

그 사람들은 나를 보지 못할 것이다."

"법으로 부처님들을 보아야 한다.

참으로 스승들은 법을 몸으로 하기 때문이다.

그러나 법의 본성은 분별로 알아지지 않나니

그것은 분별해서 알 수 없기 때문이다."

'법신은 상이 아니다', 「법신비상분(法身非相分)」이라 이름 붙인 제 26장은 진리를 어떤 형식이나 틀에서 찾으려 하지 말며, 또한 특징 지어 가두지 말라 한다. 앞서 여래는 32가지의 외형적 특징이 있다고 했다. 하지만 그런 특징으로 여래를 보려 하면 그릇된 길에 빠지게 된다고 경고하고 있다. 외모로만 보자면 32상을 지닌 전륜성왕도 붓다가 될 터이니 맞지 않다는 말이다. 붓다는 남달리 각별하고 준수한 상이 있어 깨닫게 된 것이 아니라 깨닫고 보니 긴 팔과 흰 손가락 같은 특징을 지니고 있었을 따름이다. 깨달은 이의 아름다운 모습을 기억하고 그로 인해 심리적 위안을 얻을 수는 있다. 하지만 실다운 공부가 되기 위해서는 외적 감각을 지나 순수한 내적 각성을 향해 한 걸음 더 안으로 들어가지 않으면 안 된다.

어떻게 그곳에 이를 수 있을까? 『우파니샤드』는 "감각을 절제하지 않고는, 그 마음에 부는 바람을 잠재우지 않고는, 명상을 실습하지 않고는, 그대는 결코 아트만(진리)을 깨달을 수 없다. 지식에 의해서는 결코 아트만을 깨달을 수 없다."고 단언한다. 또 다른 구절은 이렇게 말한다.

"그의 모습은 보이지 않으므로 그 누구도 그를 볼 수 없다. 명상을 통해서만 오직 명상의 그 예지를 통해서만이 그는 감지되나니 그를 깨닫는 자 불멸하리라. 아트만은 언어를 통해서 포착할 수 없으며 아트만은 마음을 통해서 포착할 수 없으며 아트만은 시각을 통해서 포착할 수 없다. '그는 존재한다.'는 이 직관 이외에 그 어떤 방법으로도 그를 포착할 수 없다."

속지 말아야 할 것이 겉모습만은 아니다. 옛날 한 선승은 사람들이 지나칠 정도로 '부처'라는 말을 남발하는 것을 보고 더 이상 그 말을 쓰지 않겠다고 선언했다.

"앞으로 내가 부처라는 말을 쓸 때마다 강으로 가서 세 번 입을 씻을 것이오."

많은 사람들이 기이하게 여기고 이해하지 못했지만 오직 한 사람이 그의 말을 알아차렸다.

"스님, 그 말씀을 깊이 새기겠습니다. 지금부터 스님께서 부처라고 말씀하시는 것을 들을 때마다 강으로 가서 귀를 세 번 씻도록 하겠습니다."[12]

약이색견아 이음성구아 시인행사도 불능견여래

若以色見我 以音聲求我 是人行邪道 不能見如來

만약 모습으로 나를 구하고, 음성으로 나를 찾으면

이 사람은 잘못된 길로 가 능히 여래를 보지 못하리라.

『금강경』 4구게 중 세 번째에 해당하는 말씀이다. 여래로 상징되는 법신(法身), 진리는 '32상' 같은 조건으로 제한될 수 없을 뿐만 아니라 그 모든 것을 넘어선 자리에 있음을 말해준다. 그것은 말이나 글로 설명해서 알 수 있는 것도 아니니, 어떤 특정 대상으로 의식할 수 없다. 오직 언어를 넘어선 곳, 혹은 언어 이전의 자리, 생각이 멈춘 자리에서만 빛나는 지혜임을 노래하고 있다.

바깥으로 향한 모든 감각의 문을 닫고 내면의 심연으로 향하는 마음의 눈을 뜰 때 '없이 계신' 그의 자취를 보게 된다. 동서고금의 경전들이 한 목소리로 내는 화음이다. 불상, 성모상, 예수상, 십자가, 찬송가, 설법, 심지어 경전조차도 그것이 달을 가리키는 손가락을 넘어 '달'이 된다면, 진짜 달은 영원히 볼 수 없게 되고 만다. 우리 눈에 보이고 귀에 들리는 온갖 형상들과 소리들은 오직 편의를 위한 수단이자 방편일 뿐이다. 형상에도 속지 말며, 소리에도 속지 말며, 냄새에도 속지 말며, 말에도, 사람에게도, 생각에도 속지 말아야 한다. '참'은 어떤 것이 아니라 모든 것이기 때문이다.

선종의 뿌리이자 수행자의 지침서라 할 『능가경』의 해설은 좀 더 구체적이다.

"겉모습이란 그 자체가 오감과 분별심에 스스로를 드러낸 것이며 모양, 소리, 냄새, 맛, 촉감으로 지각되는 것이다. 이런 겉모습으로부터 진흙, 물, 물병 등과 같은 개념이 형성된다. 그것을 가지고 사람들은 이것은 이러이러한 물건이지 저것이 아니라고 말한다. 이것이 이름이다. 겉모습을 대비시키고 이름을 비교해서 우리는 이것은 '코끼리, 말, 수레, 보행자, 남자, 여자'라고 하고, 저것은 '마음과 그에 속한 것'이라고 한다. 이와 같이 사물에 이름을 붙이는 것을 분별이라고 한다. 이런 분별(경계들)의 실체 없음을 아는 것이 올바른 지식이다. 그러기에 현자는 이름과 모양을 실재와 혼동하는 일이 없다. 이름과 겉모양을 버리고, 모든 분별이 사라질 때, 그곳에 남는 것이 사물의 진정한 본성이다. '진여(眞如)'라 불리는 그 본성에 관해서는 어떤 예측도 불가능하다. 이 보편적이고, 무분별적이며, 불가지(不可知)한 '진여', 그것이 유일한 실재다."[13]

불가에서 '여래'로 대변되는 우리의 본성은 뭐라 이름 붙일 수도 없고, 세모다 네모다 모양을 새길 수도 없다. 오히려 구석구석 두루 편만해 있으니 굳이 밖에서 구할 필요가 없다. 멀리 갈 것도 없이 그저 내 안을 들여다보면 될 일이다. 명상이다. 밖으로 향한 눈길을 안으로 거두고, 밖으로 내디뎠던 발걸음도 안으로 돌이켜 앉는 것이다. 고요한 가운데 가장 가까이, 그리고 늘 언제나 그곳에 계신 '위대한 님'과 마주칠 때까지 계속 안으로 걸어 들어가 본다. 모습도 지나고, 음성도 지나, 가고 또 가고 …… 숱한 경계를 넘다 보면 실오라기 하나 걸치지 않은 참사람이 마중 나와 있음을 보게 된다.

사람 없을까 했더니
거기 하나 있었구나.[14)]

이슬 같고 번개와 같으니

32. "참으로 다시 수보리여, 보살 마하살이 측량할 수 없고 헤아릴 수 없이 〔많은〕 세계들을 칠보로 가득 채우고서 여래 아라한 정등각들께 보시를 행한다 하자. 그리고 다시 선남자나 선여인이 이 반야바라밀 법문으로부터 단지 네 구절로 된 게송이라도 뽑아내어 〔마음에〕 간직하고 가르쳐 주고 독송하고 이해하고 〔아울러〕 남들에게 상세하게 잘 가르쳐 준다면 이로 인해서 이것이 측량할 수도 없고 헤아릴 수도 없이 더 많은 공덕의 무더기를 쌓을 것이다. 그러면 어떻게 자세히 가르쳐 주어야 하는가? 가르쳐 주지 않는 것처럼 해야 하나니 그래서 말하기를 자세히 가르쳐 주어야 한다고

하는 것이다.

형성된 것은 참으로 이와 같이 보아야 하나니
별, 눈의 가물거림, 등불과도 같고
환영, 이슬, 물거품과도 같으며
꿈, 번개, 구름과 같다고."

세존께서 이렇게 말씀하셨다. 장로 수보리와 그리고 그들 비구 · 비구니 · 우바새 · 우바이들과 보살들과 천 · 인 · 아수라 · 간다르와 등 〔모든〕 세계는 세존의 말씀을 듣고 환희하고 기뻐했다.

사구게 중 마지막 게송이 앉힌 『금강경』의 마지막 장인 제32장 「응화비진분(應化非眞分)」이다. 말 그대로 나투어진(드러난) 몸은 진짜가 아니라는 말이다. 일체의 모든 현상과 존재는 꿈같고, 물거품 같으며, 번개와 같은 줄 알라고 하는 당부의 말씀으로 만물에 가득한 무상(無常)을 보여주는 것으로 『금강경』의 대단원을 마무리하고 있다. 이것으로 그간 세존에게 묻고, 지혜의 가르침을 들어 온 수보리와 출가 수행자들, 속세에서 공부하는 사람들, 그리고 천신과 아수라 등이 모두 크게 기뻐했다. 허다한 속박에서 놓여나는 대 자유이니 그 기쁨이 얼마만 할까? 천지가 요동하는 기쁨을 누렸으리라.

쉼 없이 변하는 자연의 존재원리인 무상을 어떤 눈으로 보는가에 따라 같은 현상이 괴로움도 되고 평안함도 된다. 괴로움은 도통 거스를 수 없는 변화에 맞설 때 오는 통증이다. 봄날 그리 싱그럽고 파릇한 새싹도 여름날의 뜨거운 태양빛을 받고 나면 울긋불긋 화려한 단풍으로 변하고 이내 낙엽으로 한 생을 마감할 수밖에 없다.

끝없이 변하는 삶의 본질에 대해 달라이 라마는 이렇게 말한다.

"고통이 어떻게 일어나는지 그 원인과 바탕을 조사하는 것이 매우 중요합니다. 그 첫걸음은 우리가 영원하지 않고 일시적인 존재라는 것을 이해하는 일입니다. 모든 사물, 사건, 현상은 매순간 역동적으로 변화하며, 그대로 정지해 있는 건 아무것도 없습니다. 사람의 피가 순환하는 걸 생각해 보면, 이런 생각을 확실히 이해할 수 있을 것입니다. 피는 끝없이 흐르면서 우리 몸을 돌기 때문에 결코 가만히 있는 법이 없습니다. 현상이 이처럼 시시각각 변하는 것은 현상의 고유한 성질인 듯합니다. 따라서 이것은 모든 것들이 영원히 같은 상태로 있을 수 없음을 보여줍니다. 모든 것들은 변할 수밖에 없고 어떤 것도 영원한 상태로 존재하지 않기 때문에, 자기만의 힘으로 똑같은 상태를 유지할 수 있는 것은 없습니다. 당신이 어느 순간 즐거움과 쾌락을 느끼더라도 그것은 영원하지 않을 것입니다. 그것 또한 불교에서 '변화의 고통'으로 부르는 고통의 범주에 들어가기 때문입니다."[15]

고통의 생산자인 '나'를 꿈으로, 이슬로 볼 수 있다면 나 또한 수보리와 함께 크게 기뻐할 수 있을 것이다. 일상적으로 쉽게 '나'라고 하는 나의 실상과 허상을 알아차리는 순간 물거품처럼 불완전한 존재인 나는 드넓은 바다가 된다. 파도에 놀랄 것도. 비바람에 움츠러들 것도 없는 하늘 같은 바다로 다시 태어나는 것이다.

알베르트 아인슈타인은 물거품같이 무상한 나를 '의식이 일으키는 시각적 환상'이라고 표현했다.[16] '나'는 성내고, 미워하고, 짜증내고, 움켜잡는 것을 먹이 삼는 에고라고 하는 가짜 자기이다. 이 환상의 자아는 바깥의 온갖 상들과 자신을 동일시하고, 소유하는 것으로 정체성을 확립한다. 한없이 먹어도 배부름을 알지 못하는 아귀와도 같다. 오로지 소유하고 쌓아 놓는 일에 전쟁터의 병사처럼 매진한다. 평안이 스며들 틈이 없다.

예수는 '마음이 가난해야' 복이 있으며, '하늘나라'가 그들의 것이라 했다. 하늘나라는 무언가를 빼곡하게 쌓아 놓는 곳이 아니다. 오히려 텅 빈 곳이다. 가난한 마음, 빈 마음이라야만 차지할 수 있는. 그러니 그곳은 '나만', '우리 식구만', '내 종교만', '우리 교회만'을 고집하는 에고로 들어갈 수 있는 곳이 아니다. 너와 내가 허물어지는 벌판, 경계가 사라지는 바탕에 존재하는 나여야만 임할 수 있는 지성소다.

'내'가 이슬이자 꿈인 줄 알면 공양 받아 마땅한 '깨달은 님'이다. 『선가귀감』의 말씀이다.

"환상인 줄 알면 곧 여읜 것이라 더 방편 지을 것이 없고, 환상을 여의면 곧 깨친 것이라 또한 닦아 갈 것도 없다."

이 말씀의 주해는 이렇다.

"마음은 요술쟁이(幻師)다. 몸은 환상의 성(城)이고, 세계는 환상의 옷이며, 이름과 형상은 환상의 밥이다. 그뿐 아니라 마음을 내고 생각을 일으키는 것, 거짓이라 참이라 하는 어느 것 하나 환상 아닌 것이 없다. 시작도 없는 아득한 환상 같은 무명이 다 본마음에서 나온 것이다. 환상은 실체가 없는 허공의 꽃과 같으므로 환상이 없어지면 그 자리가 곧 부동지(不動地)이다. 꿈에 병이 나서 의사를 찾던 사람이 잠을 깨면 근심 걱정이 사라지듯, 모든 것이 환상인 줄 아는 사람도 또한 그러리라."[17]

형상을 여의면 나를 뛰어넘어 온 우주의 주인이 된다는 『금강경』의 놀라운 역설을 뒷받침한다. 이 엄청난 지혜의 완성을 한 구절이라도 받아 지녀 마음에 새기고 익혀, 남을 위해 일러 준다면 그 복덕은 삼천대천세계를 칠보로 가득 채우는 공덕보다 크다 한다. 금강석 같은 지혜는 『금강경』이라는 상 너머에 있다. 눈 뜨고 글자에 매여 읽을 것이 아니라 고요히 눈을 감고 행간을 삭혀야 한다.

일체의 모든 법은 꿈같고 허깨비 같은 것
또 이슬 같고 번개와 같으니
마땅히 이와 같이 여길 것이다.[18]

應無所住
而生其心

Bagavad

六
바가바드 기타
나는 누구인가?

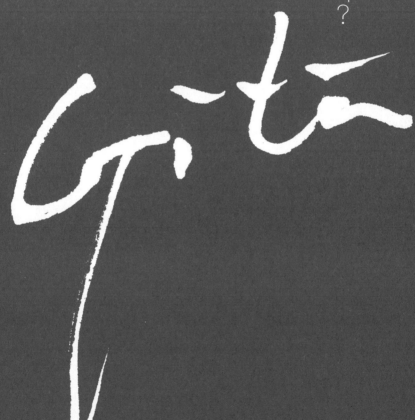

자신을 비하하지 말라
자기 자신이야말로 친구이며 적이다

『바가바드 기타Bhagavad Gītā』는 『베다』, 『우파니샤드』와 함께 힌두교 3대 경전의 하나로 고대로부터 시대와 종파를 초월해 애송되는 철학서다. 산스크리트어로 '지극히 높은 사람(至高者)', 또는 '거룩한 자Bhagavad'의 노래gītā'라는 뜻이며, 기원전 2세기에서 기원후 5세기 사이에 성립된 것으로 추정된다. 고대 인도의 대서사시인 『마하바라타』의 일부분으로 총 700편의 시로 이루어져 있다. 왕권을 차지하기 위해 친족들끼리 다툼을 벌이는 전쟁터에서 스승인 크리슈나와 판다바 족의 왕자 아르주나가 주고받은 대화 형식을 띠고 있는데, 그 속에 인도 사상의 진수가 들어 있다.

『바가바드 기타』는 인도철학이 낳은 가장 위대한 작품일 뿐 아니라 인류의 중요한 유산 가운데 하나다. 무엇보다 상부 두 계층을 대상으로 한 『베다』나 『우파니샤드』와는 달리 '모든 계층 사람들'의

해탈 가능성을 인정하고 있다는 점에서 특별한 의미를 지닌다. 세계적인 종교학자 윌프레드 캔트웰 스미스는 "(기독교가) 창조 교리를 가지고 은하계가 존재한다는 사실은 설명하지만 『바가바드 기타』가 존재한다는 사실은 어떻게 설명하려고 하는가?"[1]라며 이 경전의 중요성을 역설한 바 있다.

『바가바드 기타』가 마하트마 간디의 '영적 지침서'였다는 것은 잘 알려진 사실이다. 그는 『기타』를 무아행(無我行)의 복음서로 여기고 평범한 사람들이 도움을 받을 수 있도록 오랫동안 매일 아침 『기타』[2]를 강의했다고 한다. 간디의 말이다.

"『바가바드 기타』는 역사논문이 아니다. 그것은 사촌들 사이에 벌어지는 전쟁이 아니라 우리 안에 있는 두 본성, 선과 악 사이에 벌어지는 전쟁을 서술하고 있다. 안으로 깊이 들어갈수록 더 풍부한 의미를 발견하게 된다. 모든 세대에 걸쳐 『바가바드 기타』의 중요한 언어들은 새롭고 더욱 깊은 의미를 사람들에게 전해 줄 것이다."[3]

행위의 요가(karma-yoga)

당신께서 이성이 행동보다 더 나은 것이라고 생각하신다면,
오 자나르다나여,[4]

어찌하여 저에게 이러한 끔찍한 행위를 명령하십니까?
오 케샤바시여.

엇갈리는 말씀으로 당신께서는 말하자면,
나의 이해력을 혼란스럽게 합니다.
그러하오니 내가 가장 높은 선을 얻도록
하나의 말씀을 하여 주소서.

거룩하신 주께서 말씀하셨다.
예부터 내가 설했듯이 오 흠 없는 자여,
이 세상에는 두 길이 있나니 사색하는 이를 위한
지혜의 요가와 행동하는 이를 위한 행위의 요가다.

행위를 하지 않음으로써 행위 없음을 얻는 것은 아니며,
행위를 포기함으로써 그가 완성에 이르는 것은 아니다.
어느 누구도 한순간이라도 행동하지 않을 수 없다.
왜냐하면 누구나 물질적인 본성인 자연의 요소들에 의해
활동하도록 되어 있기 때문이다.

앉아서 행동의 기관들을 통제하면서도
마음속으로는 감각의 대상을 생각하는 사람들은 스스로를

속이는 자이며 위선자라 할 것이다.

그러나 마음으로 감각 기관을 다스리면서
행위의 기관들을 가지고 집착함이 없이 행동의 요가를 행하는 이,
오 아르주나여, 그는 뛰어난 자다.

그대에게 부여된 의무의 행위를 행하라.
행동은 행동이 없는 것보다 낫기 때문이다.
행동이 없이는 그대 자신의 육신조차 부지하지 못하리라.

그러므로 집착함 없이 있으면서 언제나 행해야 될 행위를 하라.
집착 없이 행동을 함으로써 그는 가장 높은 것에 이르느니라.

*

아르주나가 말하기를
사람이 자기가 하려고 하지 않음에도 어떤 힘에 끌리듯이
죄를 저지르게 하는 것은 무엇입니까? 오, 바르쉬네야시여.

거룩하신 주께서 말하기를
그것은 욕망이요, 분노가 그것이다.
모든 것을 소모시켜 버리는 대단히 악한 것이니,
그것이 이 세상에서의 적이라는 것을 알라.

불이 연기에 가려지듯이 거울이 먼지로 덮여 있듯이
태아가 모태 막으로 싸여 있듯이
그처럼 이 세계는 욕망으로 가려져 있다.

그러므로 오 바라타 족의 황소여,
먼저 감각 기관을 제어하여
지혜와 분별력을 망치는 이 악을 떨쳐 버려라.

감각 기관은 몸보다 더 섬세하다.
감각보다 더 섬세한 것은 마음이다.
그러나 마음보다 더 섬세함이 이성이로다.
이성조차 넘어서는 것이 그이다.

그러므로 이성보다 더 높은 그를 알고
참나로 참나를 알아 개인적인 나를 가라앉혀서
오 억센 팔을 가진 자여, 욕망의 형태를 지닌
정복하기 어려운 적을 베어 버려라.[5]

『바가바드 기타』는 궁극적 실재인 브라만에 대한 가르침이자 '여기'에 이르는 길, 즉 요가를 설하는 경전이다. 『바가바드 기타』에서

'요가'라는 말은 신에게 닿는 것, 우주를 주관하는 힘에 자신을 잡아매는 것, 절대자와 인간의 접촉을 의미한다. 요가란 더욱 심원한 본체와 하나가 되려는 인간의 실천적 노력이다.[6]

『바가바드 기타』는 사람들이 저마다의 성향과 능력에 따라 인생의 궁극적 목표인 해탈에 이를 수 있도록 다양한 가능성을 열어 놓고 있다. 그 길은 크게 3가지로 나뉜다. 육체와 정신의 관계를 구별하여 아는 인식에 바탕을 둔 '지혜의 요가jñāna yoga', 행위의 결과와 관계없이 주어진 의무의 수행에 바탕을 둔 '행위의 요가karma yoga', 신에 대한 헌신적인 믿음과 사랑에 바탕을 둔 '신애(信愛)의 요가bhakti yoga'다. 이 셋은 각각 분리된 길이 아니다. 서로 보완하며 내적으로 깊이 연결되어 있다.

간디는 제3장인 「행위의 요가」 부분을 일컬어 『바가바드 기타』의 알짬이요 가르침의 열쇠라 했다. 일반적으로 '카르마(행위)'라는 단어는 몸으로 하는 동작은 물론이요 의지나 생각까지도 포함한다. 하지만 『바가바드 기타』에서 '카르마'라는 말은 특히 '자신의 의무(스바다르마, svadharma)'를 실천하는 것을 의미한다. 우리는 누구나 의무를 지니고 태어난다. 이때 의무란, '정신은 죽지 않는다.', '몸은 덧없다.', '자신의 의무는 피할 수 없다.'는 3가지 위대한 진리를 발견하고 육신을 초월하는 자아를 깨닫는 것이다.[7]

'행위(카르마)의 요가'는 올바른 행동을 통해 무사(無私)한 참된 지혜를 구현하도록 이끌어준다. 『바가바드 기타』에서는 행위의 요가를 수행하는 사람이 자신의 행위에서 얻어지는 열매를 포기한다고 해서 그것을 잃는 것이 아니라 오히려 넉넉하게 얻게 된다고 말한다.

아르주나는 '지혜의 요가'와 '행위의 요가' 중 어느 것이 나은 것인지, 이 둘을 어떻게 분간해야 하는지 혼란스럽다고 고백한다. 그러면서 최고의 선에 이르는 길 하나만 가르쳐 달라고 요청한다. 이에 거룩한 스승 크리슈나는 먼저, 육화된 자아와 모든 행위를 초월하고 불변하는 참된 자아 사이의 분별을 이해해야 한다고 자상하게 일러준다.

> "이 세계에는 두 가지 길이 있다. 생각하는 사람을 위한 지혜의 길과 행동하는 사람을 위한 행함의 길이다."

이 두 가지 길은 모든 사람이 동시에 지니고 있는 내적인 성향과 외적인 성향을 뜻한다. 이 둘은 서로 충돌하는 것이 아니라 함께 가며 서로 돕는다. 만약 둘 사이에 딜레마가 생길 경우에는 '행위'와 '그 행위의 결과에 대한 포기'를 수용함으로써 해결할 수 있다. 행위의 결과에 대한 모든 욕망을 단념하는 것이 무행위, 아카르마akarma다. 이것이 어떻게 가능한가. 크리슈나는 행위를 하고자 하는 욕망을 포기하고 자아의식을 포기하려면 헌신적인 믿음과 사랑으로 자신을 신에게 완전히 내맡기라고 한다. 그리고 모든 행위를 신에 대

한 희생의 정신으로 행하라고 권한다.[8]

무행위는 이기심과 욕심이 빠진 상태에서 솟아나오는 지극히 자연스러운 행위이다. 마치 어린아이가 졸리면 잠이 들고, 목이 마르면 물을 찾는 것과 같다. 이런 행위의 길은 그대로 순리를 따르는 지혜의 길이다. 행위의 요가는 행동 가운데 숨어 있는 굽고 뒤틀린 자아를 걸러내는 연습이다. 자신의 상태를 속이는 위선으로는 궁극의 목적지에 도달할 수가 없기 때문이다. 겉으로는 드러나지 않는 자신의 안을 정직하게 들여다보는 명상을 통해 지혜와 행위는 조화를 이루게 된다.

일촉즉발의 전쟁터에서 친족과의 일전을 앞에 두고, "어찌하여 저에게 이러한 끔찍한 행위를 명하십니까?"라고 한 아르주나의 물음은 그가 지닌 깊은 딜레마를 보여 준다. 적을 죽여야 하는 의무와 혈육을 죽일 수 없다는 윤리적 관념 사이에서의 갈등이다. 『바가바드 기타』를 여는 이 첫 구절은 읽는 이들에게도 언뜻 유사한 혼란을 안겨 준다. '친족을 죽이라니 이게 도대체 무슨 말인가?' 어리둥절하다. 혹자는 이 구절을 자신의 현실에 문자적으로 대입해, '양심에 어긋나는 일이지만 그래도 열심히 싸워야 한다는 말이군.' 하며 엉뚱한 위안을 받을 수도 있다. 과연 그럴까? 핵심인 다르마(의무)를 어떻게 푸느냐에 따라 『바가바드 기타』는 우리 마음에 날개가 되기도 하고, 유해한 독이 될 수도 있다.

『바가바드 기타』의 배경이 되는 곳은 전쟁터지만 한편으로는 나와의 싸움이 벌어지는 '내면'으로 볼 수 있다. 이 전쟁에서 적은 다름 아닌 '거짓 나'이자 에고의 욕심을 부풀리는 왜곡된 관점이요 나쁜 마음의 습관들이다. 혈육처럼 쉬이 끊을 수 없는 질긴 애욕으로 달라붙어 있는 거짓 나를 걷어내고 그 속에 가려진 참된 나를 들추어내는 것이 우리의 '영원한 의무'다. 이러한 본연의 의무를 다하는 길이 이타적 행동을 핵심으로 하는 카르마 요가이며, 지혜와 통찰을 주는 즈나나 요가이며, 헌신의 길인 박티 요가다. 이 모두는 우리 속에 드리워진 뿌연 연기를 걷어내고 두터운 먼지를 털어내 맑은 본성을 드러나게 하는 3가지 방법이다. 그래서 주저 없이 "그대에게 부여된 의무의 행위를 다하라."고 선포한다. 이런 의미에서 『바가바드 기타』는 자신과 벌이는 전쟁의 기록이며 참 자기를 찾아가는 여행서다.

지혜의 요가(jñāna-yoga)

나는 태어나지도 않았으며 나는 죽지도 않으며
나는 모든 것의 주인이지만 나는 스스로의 성품에 머물며
내 자신의 창조의 힘에 의해 나타나느니라.

언제든 올바름이 무너지고 불의가 성할 때마다,

오 바라타여, 그때 나는 나 스스로를 창조하느니라.

나의 태어남과 행위는 성스럽다.

진정으로 그것을 아는 사람은 그 몸을 떠나고

다시 태어나지 않으며 나에게로 온다. 오 아르주나여.

집착과 두려움과 분노로부터 벗어나

내 안으로 스며들고 나에게로 피하여

지혜와 고행으로 정화되어 많은 이가 나의 존재에 이르렀느니라.

*

행위가 나를 더럽힐 수가 없으며

나는 행위의 결과에 대한 어떠한 갈망도 없노라.

나를 이렇게 아는 사람은 행위에 얽매이지 않느니라.

이처럼 알고 해탈을 바라던 옛 구도자들도 행위를 하였느니라.

그렇게 그 옛날 사람들이 행하였듯이 그대도 행위를 하라.

무엇이 행위이며 무엇이 무행위인지

현자들조차 이 점에 혼란되어 있다.

내가 그대에게 그 행위에 대해 설명하겠노라.

그것을 앎으로써 그대는 악으로부터 벗어나리라.

행위에서 무행위를 보는 이, 무행위에서 행위를 보는 이,

그는 사람들 가운데 지혜로운 사람이다.
그는 하나가 되었으며 그는 모든 행위를 성취하였다.

하는 일 모두가 욕망과 그것의 결과를 벗어나 있고,
행위가 지혜의 불꽃에 의해 태워져 버린 사람
이들을 현자라고 한다.

행동의 결과에 대한 집착을 벗어 버렸고
한결같이 만족하며 어떤 것에도 의존하지 않으니,
행동에 집중하여 있어도 그는 행함이 없느니라.

아무것도 바람이 없이, 마음과 참나에 집중되어
모든 가진 것을 내버렸으며 오직 몸으로만 행위하나니
그는 아무 죄도 짓지 않느니라.

얻고자 함이 없이 무엇이든 오는 것에 만족하고,
대립되는 것을 넘어서, 부러워함에서 벗어나,
성공과 실패에서 흔들림이 없나니,
그는 행동하면서도 얽매이지 않느니라.

*

진실로 이 세상에서 지혜만큼 순수한 것은 없나니,

요가 안에서 완성된 이는 스스로에 대하여

때가 이르면 이것을 스스로 안에서 찾아내느니라.

믿음을 지녔고 지혜에 몰두하여

감각 기관을 다스리는 사람은 지혜를 얻느니라.

지혜를 얻으니 그는 가장 높은 평화에 이르느니라.

지혜가 없고, 믿음이 없으며, 의심하는 사람은 멸망하느니라.

의심하는 마음에는 이 세상도 없고

저 세상도 없으며 어떠한 평안함도 없는 것이다.

요가의 힘으로 모든 행위를 놓아 버린 이,

지혜로서 의심을 끊어 버린 이,

참나에 머무르는 이, 그는 어떤 행위도 속박될 수가 없다.

오 부를 차지하는 이여!

『바가바드 기타』 4장은 영원한 해방으로 가는 길을 안내해 주는
「지혜의 장」이다. 힌두교에서 브라만의 존재는 '네티 네티neti-neti'다.
'이것도 아니고 저것도 아니다.'라는 뜻이다. 브라만은 도저히 '이것
이다.' 혹은 '저것이다.'라고 규정할 수 없다는 것이다. 브라만의 존

재는 이처럼 절대적이지만 그렇다고 추상적이지는 않다. 브라만은 바로 나 자신의 본질이며 참된 자아(아트만) 자체다.[9) 범아일여(梵我一如)다. 따라서 내가 곧 브라만이요, 브라만이 바로 나다. 이 사실을 모르는 것이 무명(無明)이요, 이를 깨닫는 것이 바로 해탈이다.

인류 역사상 가장 오래된 종교, 힌두교의 또 다른 경전『우파니샤드』는 깨달음을 위해 집성된 대표적인 고대 지혜서다. 무엇을 깨달으라는 말인가? 우선 나 자신의 본성인 아트만과 우주의 본질인 브라만을 깨달으라고 한다. 나의 본성인 아트만과 온 우주에 편재해 있는 브라만이 하나임을 깨달을 때 인간은 '영원한 해방'인 '목샤(moksha, 해탈)'를 얻게 되며 그것이야말로 최상의 지혜이자 불멸의 행복이다.

『우파니샤드』에 의하면 이런 '해방'을 경험한 사람에게는 5가지 특징이 나타난다.[10) 첫째, 그는 불멸 그 자체가 되며 모든 곳에 충만하게 된다. 그는 자신 속에서 우주 전체를 보며, 우주 속에서 자신을 본다. 그러므로 더 이상 어떤 것도 소망하지 않는다. 지족(知足)이요 자족(自足)이다. 둘째, 그는 악몽을 꾸다가 깨어난 사람과 같다. 그에겐 더 이상 헛된 바람과 죽음에 대한 공포 따위는 없다. 셋째, 그는 행위의 구속력, 즉 카르마의 냉혹한 법칙으로부터 풀려난다. 넷째, 그는 진리에 대해 어떤 의문도 없다. 브라만(아트만)에 대한 지혜는 지적인 이해를 통해서가 아니라 '지금, 그리고 여기'라는 직관적 경험을 통해서 얻은 것이다. 그러므로 그는 이제 더 이상 어떤 의문에

도 흔들리지 않는다. 불혹(不惑)이다. 다섯째, 그는 윤회와 해탈, 그 어디에도 더 이상 관심이 없다. 그의 본질은 이제 그 어디에도 속해 있지 않기 때문이다. 그곳에는 죽음도 없고 탄생도 없다. 속박의 고통은 물론 해탈의 기쁨마저 없다.

인간 의식에 대한 동서양의 통합이론을 정리한 켄 윌버는 이와 같은 '영원과의 만남'을 '합일의식(合一意識)'이라고 부르고, 이런 유형의 자각이야말로 모든 지각 있는 존재의 본질이자 조건이라고 했다. 『우주의식Cosmic Consciousness』을 쓴 정신의학자 리처드 모리스 버크는 몸과 마음을 넘어 우주 전체를 감싸 안는 '자기 정체감'을 직접 체험한 후 이런 자각상태를 '우주의식'이라고 불렀다. 그의 고백이다.

갑자기 나는 화염빛 구름에 둘러싸여 있음을 알았다. 한순간 저 거대한 도시 어딘가에서 엄청난 대화재가 일어났다고 생각했다. 다음 순간 나는 그 불이 내 안에서 일어난 것임을 알았다. 그러자 곧바로 말로 표현할 수 없는 지적 광명과 더불어 엄청난 기쁨과 환희가 밀려왔다. 도무지 믿을 수 없었지만, 무엇보다도 우주가 죽은 물질로 이루어져 있는 것이 아니라 하나의 살아 있는 현존Presence 그 자체라는 사실을 알았다. 나는 내 안에서 영원한 생명의 의식이 되었다. 이 말은 영원한 생명을 갖고 있다는 확신이 아니라, 내가 그 당시 영원한 생명을 소유한 의식이었다는 말이다. 나는 모든 사람이 불사(不死)의 존재임을 알았다. 모든 사물이 자신과 모두의 선(善)을 위해 함께 협력하고 있고, 모든 세계의 근본원리는 우리가 사랑이라 부르는 바로 그것이며, 긴 안목에서 볼 때 모든 존재가 행복해지는 것은 절대적으로 확실한 사실이라는 것. 우주의 질서란 바로 이런 것임을 알았다.[11]

'나는 누구인가?' 하는 인류의 영원한 숙제에 대한 답을 얻는 것이야말로 최상의 지혜다. 이 질문에 대한 답은 나를 어느 분면으로 이해하느냐에 따라 여러 갈래로 말할 수 있다. 나는 한국 사람이다. 나는 여자다. 나는 아무개다. 나는 이성적이다. 혹은 감성적이다. 나는 영화를 좋아하고, 욱하는 성질이 있지만 대개는 착하다……. 이 모두는 맞기도 하며 동시에 틀린 답이다. 왜냐하면 그 어느 것도 온전한 나를 표현하지는 못하기 때문이다. 하나같이 부분일 뿐이며 게다가 가변적이기까지 하다.

켄 윌버는 이런 정체성은 전적으로 그 경계선을 어디에 긋느냐에 달려 있다고 설명한다. 요컨대 "당신은 누구인가?"라는 물음은 "당신은 어디에 경계를 설정했는가?"라는 의미다. 이에 대한 모든 답은 정확히 '나인 것'과 '내가 아닌 것' 사이에 긋는 경계선에 달려 있다. 이 경계선은 언제든 다시 그어질 수 있다. 흥미로운 것은 이 경계선이 전부 허물어지는 지점에서 '자연스러운 나'를 조우하게 된다는 사실이다. 나를 이루고 있는 경계가 온 우주를 포함할 만큼 확장될 때 '하나의 조화로운 전체로서의 나'이자, '지고의 본성' 체험이 일어난다. 무경계의 자각이다.

　이런 인생의 근원적인 복락을 얻기 위해 인도의 옛 현자들은 인
생을 4단계로 구분해 살았다. 첫 단계인 소년기는 배움의 시기다.
청년기인 2단계에는 가장으로서의 삶을 산다. 장년기인 3단계에서
는 은둔자로 수행의 시기를 맞는다. 마지막 4단계인 노년기에는 순
례자로서 무소유의 시기로 지난다.[12] 오래도록 배우고, 장년이 되어
가정을 꾸린 이후에는 가족들 뒷바라지로 평생을 저당 잡히는 이
시대 한국인들의 삶과는 한참 거리가 있는 인생 여정이다.

　　옛날의 현자(깨달은 이)들은 자손의 번식을 원치 않았나니, 그분네들
　　은 자손과 부귀영화를 미련 없이 버리고 묵묵히 고행의 길을 걸어갔다.
　　왜냐면 자손에 대한 욕망은 결국 부귀영화에 대한 욕망이기 때문이다.
　　이 둘은 겉보기에는 다른 것 같지만 그러나 결국 동일한 욕망의 두 가지
　　표현 양식에 지나지 않기 때문이다.
　　　　　　　　　　　　『브리하드 아라냐까 우파니샤드』 IV-4-22

　동서고금의 고전들은 가장 높은 지식, 가장 밝은 지혜는 나를 아
는 것이라고 한목소리로 말한다. 「지혜의 요가」를 브라만에 대한 자
각으로 이끄는 가장 황홀한 안내서 『우파니샤드』에 비추어 읽는 것
보다 더 유쾌한 일이 있을까.

"나 자신 속에 있는 이 신성을 깨닫지 못하면 우린 속박에서 벗어날 수 없다. 그러나 신을 깨닫게 되면 심장을 조이던 이 모든 속박에서부터 우린 벗어나게 된다."

『스베따스바따라 우파니샤드』 I-8

명상의 요가(dhyāna-yoga)

행동은 요가에 오르기를 바라는 사람의 수단이라 한다.
요가에 이미 도달된 사람에게는 고요함이 수단이라 한다.

오직 감각의 대상이나 행동에 매달리지 않고
그가 모든 생각과 욕망의 씨앗을 벗어났을 때만
그는 요가에 도달했다고 하느니라.

자신이 자신에 의해 스스로의 참나를 높여라.
자신을 비하하지 마라. 자기 자신이야말로 친구이며 적이다.
자신에 의해서 자신의 성스러운 자아를 정복한 사람은
그 자신이 스스로 친구이나
제 자신의 자아를 정복하지 못한 사람의 자아는
적과 같이 적대 행위로 덤비느니라.

자신의 자아를 정복한 이, 평안에 깊이 들어 있는 이,
그에게 있어 초월적인 자아는 뜨거움과 차가움,
즐거움과 괴로움, 명예와 치욕에서 한결같이 흔들림이 없다.

요가 수행자는 언제나 한적한 곳에 머물며
홀로 제 마음과 몸을 다스려 수행한다.
아무것도 바라지 않으며, 어떠한 소유도 없이.

거기 그 자리에 앉아 마음을 한곳으로 모이게 하고,
생각과 감각을 다스리고
스스로 맑아지기 위하여 요가를 수련할지어다.

차분하게 몸통과 목을 바로 세워 정지시키고
그 눈길을 코끝에다 두고 어느 쪽도 바라봄이 없이.

한결같이 자신을 수련하며 다듬어진 요가 수행자는 평안에 이르는데
그것은 내 안에 있는 가장 높은 해탈이니라.

그의 마음이 완전히 안정되어 오직 참나에게만 자리 잡혔을 때
그가 모든 쾌락에 대한 갈망에서 벗어나 있을 때
그는 하나가 되었다 할지니라.

'바람이 없는 곳에서 흔들리지 않는 등잔불'과 같이 생각을 통제하고
참나와 하나 됨을 수련하는 요가 수행자이니라.

요가의 실천에 의해서 통제되어 생각이 쉬게 될 때
스스로 자아에 의하여
참나를 보며 그 참나 안에서 만족을 찾아낸다.

하나됨에 집중하여 모든 존재에 머무는 나를 예배하는 자,
그러한 요가 수행자는 어떠한 상황에서든 내 안에 머문다.

*

아르주나가 말하기를
그대에 의해 평등함이라 말해진
이 요가의 흔들림 없는 확고한 상태를
오 마두수다나여, 마음의 불안정함으로 인해
저는 볼 수가 없습니다.

마음은 휴식 없이 떠돌고,
격렬하며 억세고 굽힐 줄 모르기 때문입니다.
오 크리슈나여, 생각한다면 마음을 통제하기란
바람을 통제하는 것처럼 몹시 어렵습니다.

거룩하신 주께서 말하기를

의심의 여지없이 오 억센 팔을 가진 자여,

마음은 통제하기 어려우며 안정되어 있지 않다.

그러나 쿤티의 아들이여,

훈련과 무집착에 의해 마음은 붙잡을 수가 있다.

통제되지 않은 마음으로 요가에 이르기란 어렵다.

그러나 자신을 통제하고 노력하는 사람은

올바른 방법에 의해 도달될 수가 있다.

영원한 자유에 이르는 길에, 지혜의 길과 행위의 길, 신애의 길에 이 모두를 통합하는 명상요가를 더하지 않을 수 없다. 명상이란 마음에 고요와 평화를 이루는 과정이다. 하타요가가 몸을 단련하는 방편이라면, 라자요가는 정신을 가다듬어 마음의 평정에 이르는 것을 목표로 한다. 라자요가에 속하는 대표적인 문헌이 『바가바드 기타』이며, 『우파니샤드』다.

　『바가바드 기타』는 마음을 "바람 앞에서 등불처럼 가만히 있지 못하고 늘 이랬다 저랬다 하는 것"이라고 정의하고 있다. 아르주나가 말했다.

"당신이 평등하다고 말씀하신 이 명상요가의 흔들리지 않는 확고한 경지를, 마음이 불안하기 때문에 저는 볼 수가 없습니다. 왜냐하면 저의 마음이 불안하고 난폭하며 길들여지지 않았고 완고하기 때문에 이 명상요가의 흔들리지 않는 확고한 경지를 볼 수 없습니다. 저는 마음을 다스리는 것이, 마치 바람을 잠재우는 것처럼 매우 어렵다고 생각합니다."

이렇게 마음이 혼란한 원인은 무엇일까? 그것은 집착이다. 집착이란 감각들이 감각의 대상과 만날 때 시작되고, 탐욕과 욕망으로 변하고, 더 나아가 노여움으로 치달음으로써 괴로움을 낳는다.

"감각들의 대상들을 생각하는 사람에게는 감각들의 대상들에 대한 집착이 생기고, 집착으로부터 욕망이 생기며, 욕망으로부터 노여움이 생긴다."13)

자신의 마음을 잘 다스린 자에게 마음은 영원한 본질적 자아(참된 자아)의 친구이지만, 마음을 잘 다스릴 능력이 없는 자에게는 그 마음이야말로 적과 같이 영원한 본질적 자아에게 적대감이 있게 된다.(6:6)

명상은 에고로 가득 찬 자신과 '마음인 나', 그리고 참된 자아라고 하는 3가지 '나'가 하나로 모이는 방편이자 목적지다. 마음 나가 에고로 흐를 때 나는 내게 적이 되어 괴롭고 불편해지지만, 참된 자아와 가까워지면 스스로 주인된 이의 자유로 어디에도 얽매이지 않고

자재하는 삶을 살게 된다. 자기 위주로만 생각하는 이기심과 집착이 마음의 분열과 고통을 낳는다.

> 마음을 다스리지 않고서는 요가의 완성을 얻기 힘들다는 것이 나의 생각이다. 그렇지만 자신의 의지에 따라 노력하는 사람은 올바른 방법을 통해 요가의 완성을 얻을 수 있다.(6:36)

마음을 다스릴 '의지'와 '노력'이 있는 사람은 명상요가를 통해 집착과 괴로움에서 벗어날 수 있다. 명상은 어떻게 해야 하나? 오랫동안 지속적으로 흔들림 없이 편안하게 앉아 명상을 할 수 있는 자세에 대해 『바가바드 기타』에서는 몸을 곧게 세우고, 시선은 코끝이나 미간에 집중하는 자세가 좋다고 말한다. 이렇게 앉아야 귀와 어깨, 코와 배꼽이 일직선으로 정리되어 몸이 앞뒤와 옆으로 기울어지지 않게 된다.[14]

> 몸과 머리와 목을 일직선으로 곧게 세우고 움직이지 않게 고정된 자세로 앉아 사방을 두리번거리지 않고 자신의 코끝에 시선을 집중하라.(6:13)

명상은 두리번거리지 않음이다. 시선은 물론, 사방으로 두리번거리고 이곳저곳을 기웃거리며 한시도 가만히 있지 못하는 조급한 마음을 고정하는 것이다. 파도치는 마음결을 투명한 명경처럼 잔잔하게 가라앉히는 것이다. 이럴 때라야 비로소 사물의 진실된 모습을 있는 그대로 볼 수 있으며, 실상을 꿰뚫는 지혜가 우뚝 솟아오를 수 있기 때문이다. 명상을 통해 우리는 시공을 초월하는 경험을 하게 된다.

명상은 특별한 날에 먹는 외식이 아니다. 명상은 정신을 맑게 하고 마음을 살찌우기 위해 매일 먹어야 하는 정신의 밥이다. 명상이 일상과 동떨어진 '어떤 일'이 아니라 일상 그 자체가 된다면 모든 곳에서 깨달음을 얻고, 만나는 모든 이들에게서 배움을 얻을 수 있는 지혜의 공간이 마련된다. 가족에게서, 직장 동료에게서, 지하철을 함께 탄 이웃에게서 '빛'을 볼 수 있는 혜안이 열릴 수도 있다. 바람을 명상하고, 일몰을 명상하고, 빗소리를 명상할 때, 우리는 어디에서고 신성과 하나 될 수 있다. 사방 모든 곳에 현존하는 큰나의 무한함에 연결된다면 그 순간 새로운 차원의 기쁨으로 거듭날 것이다. 여기가 천국이고, 지금이 완벽한 삶이 된다. 명상은 '나'에게 도달하는 가장 빠른 지름길이다.

신애의 요가(bhakti-yoga)

아르주나가 말했다.

언제나 확고한 당신의 헌신자들로 당신에게 예배하며 또한
불변하고 나타나지 않는 것에 예배하는 사람들은
더욱 요가에 확립된 사람들입니까?

스리 바가반이 말하시기를
나에게 마음이 확립되고 언제나 지고의 믿음을 확고히 가지고
나에게 예배하는 사람이라면 나는 그들을
가장 요가에 몰입된 사람이라고 여긴다.

모든 감각들을 제어하고 어디에서나 평온한 마음으로
모든 존재들의 풍요로움 속에서 기뻐하는 자들은 나에게 도달한다.

생각은 보이지 않는 것에서 일어나며 그것에 대한 근심은 더욱 크다.
왜냐하면 보이지 않는 것으로부터 목적을 가지고
발현시키기 위해 도달하는 것은 매우 고통스럽기 때문이다.
그대의 마음을 오직 나에게 집중하고
그대의 생각을 나에게 고정하라.
그대는 앞으로 오직 내 안에서 거하리니,
이것에 대하여 의심할 것이 없다.

만일 그대가 나의 마음에 굳건히 고정될 수 없다면, 오 다남자나여,

끊임없는 요가의 실천으로 나에게 도달할 길을 찾아라.

만일 그대가 요가마저도 실천할 수 없다면
그대는 나의 목적을 위하여 행동하라.
나의 목적을 위한 행동을 함으로써 그대는 완전함을 얻을 것이다.

만일 그대가 이것조차 할 수 없다면 자아를 제어하면서
모든 행동의 열매를 포기하고 나에게 은신하라.

엄격한 수련보다 지식이 낫고 지식보다 좋은 것은 명상이며
명상보다 더 좋은 것은 행동의 결과를 내버리는 것이며
내버림으로 인해 즉시 평화가 온다.

언제나 만족하고 명상에 확립되었으며
자아를 제어하며 확고한 신념을 가졌으며
나에게 집중된 마음과 지식을 가지고 나에게 헌신하는 사람은
나의 사랑을 받는 자다.

결핍된 것이 없고 순수하며 민첩하고 근심이 없으며
불편함이 없으며 자신의 모든 책임을 벗어나
나에게 헌신하는 자는 내가 사랑하는 자다.

적과 친구가 동등하며 명예와 불명예가 동등한 사람
차가움과 뜨거움, 즐거움과 괴로움이 같으며
집착으로부터 벗어난 사람은 내가 사랑하는 자다.

비난과 찬사를 동등히 여기는 자, 고요하고 어떤 것으로도 만족되며
머물 곳이 없어도 확고한 마음과 헌신으로 충만한 사람은
내가 사랑하는 자이다.

진실로 이러한 불멸의 정의를 따르는 자들은 믿음을 넘어서
나를 지고의 목적으로 바라보며 말하였고 헌신하였다.
그들은 내가 광대하게 사랑하는 자들이다.

『바가바드 기타』는 '신애'가 신을 따르는 삶에서 가장 중요하다는
것을 강조하는 경전이다.

"신애로서 나를 공경하는 사람들, 그들은 내 안에 있으며 나 또한 그들
안에 있다."(9:29)

이뿐이 아니다. 더욱 놀라운 사실은 신애를 통해서 심지어 "태생
이 천한 사람, 여자, 바이샤, 그리고 수드라도 지고의 목표에 이르게

된다."(9:32)고 밝히고 있다.[15]

신애(박티)의 요가는 인격신에 대한 헌신적인 믿음과 사랑을 통해 실현되는 길이다. 『바가바드 기타』에서는 이 길을 통해 최고의 길이 실현될 수 있음을 말하고 있다.

"모든 행위를 포기하고 오직 나에게 귀의하여라. 나는 그대를 모든 악으로부터 자유롭게 해 주겠다. 그러니 슬퍼하지 마라."(18:66)

인격신에 대한 숭배는 지식의 유무나 사회적 계급의 높낮음을 떠나 누구나 할 수 있는 보편적인 구원의 길이다.[16] 기독교 전통에서 한 가지 예를 들면, '하느님과 혼인한' 성녀 아빌라의 테레사가 있다. 그녀는 신에 대한 절대적인 사랑과 헌신의 삶을 산 구도자로서, 한 영혼이 자라나는 단계를 『내면의 성』이라는 걸작을 통해 묘사했다. 이 책에서는 영혼을 "거대한 다이아몬드나 매우 투명한 수정으로 만들어진 성(城)"에 비유하고, 그 속에 '거할 곳'이 많다고 말한다. 그 성에는 7개의 방이 있다.[17]

처음으로 하느님께 나아가고자 하는 마음을 내는 첫 번째 방부터 누구에게나 '하느님의 사람'으로 비치는 세 번째 방을 지나, 다섯 번째 방에서 드디어 절대자와 하나가 되는 경험을 하게 된다. 여기에서 유명한 '누에 비유'가 등장한다.

"나비는 그것이 벌레였을 때 하던 일, 천천히 실을 뽑던 일을 중요한 것으로 여기지 않는다. 나비는 이제 날개를 가졌다. 날 수가 있는데 어찌 꾸물거리면서 기는 것에 만족할 수 있겠는가?" 메타노이아(의식의 변화) 체험의 고백이다. 일곱 번째 방에서 완전한 평화와 안정으로 하느님과 혼인 관계 속으로 들어간다.[18]

이 7개의 방 묘사는 힌두교에서 말하는 사구나 브라만에 대한 헌신적인 사랑과 믿음, 인간적인 소통을 통해 결국 신과 하나가 되는 영성 발달의 과정에 그대로 대입할 수 있다. 성 테레사의 시신은 죽어서도 '성인의 향기'를 발했다고 한다. 나는 그분과 어떤 교제를 나누고 있나? 사랑은 헌신임에도 나는 혹시 내 욕심을 배불리고자 그분을 찾거나 그런 이기심을 사랑으로 포장하고 있지는 않은지 돌이켜본다.

힌두교에서 말하는 궁극의 실재인 브라만은 우리의 감각으로 지각할 수 없는 초감각적인 부분을 상징하는 니르구나 브라만Nirguna Brahman과 우리의 감각으로 감지되는 내재적인 부분을 상징하는 사구나 브라만Saguna Brahman이라는 두 가지 측면을 함께 지니고 있다. 전자는 초월적인 브라만이며, 후자는 니르구나 브라만이 그 자신의 창조의지maya에 의해 구체적인 인격체로 나타난 것을 말한다.[19]

니르구나 브라만은 그 어떤 말로도 표현할 수 없는 존재이기에 『우파니샤드』에서 강조하는 것처럼 "이것도 아니고, 저것도 아닌" 무성(無性)이다. 이런 초월적인 존재의 바탕에 인격성을 부여한 것이 사구나 브라만이다. 무엇으로도 특정 지을 수 없는 니르구나에

반해 사구나는 온갖 좋은 특성이 다 붙은 친근한 존재다. 지극히 인간적인 신이라 할 수 있다. 『바가바드 기타』는 이런 사구나 브라만에 대한 절대적인 사랑과 헌신을 노래하고 있다.

해탈을 위한 포기의 요가(moksasamnyasa-yoga)

아르주나가 말했다.
오 힘센 팔을 가진 이여, 나는 내버림의 진리와, 오 흐리쉬케샤여,
포기에 대하여 알기 원합니다. 오 악마 케신을 죽이는 이여.
스리 바가반이 말하기를
현자들은 욕망에서 오는 행위를 단념하는 것을 포기로 알고
모든 행위의 결과를 내버리는 것을
지혜 있는 이들은 내버림이라고 말한다.

나를 통해 포기에 대한 진리를 배워라, 오 바라타의 최고여,
포기는 진실로 3가지의 종류로 선포되었다. 오 인간 중의 호랑이여.

주어진 일을 오직 의무로 알고, 오 아르주나여,
집착을 버리고 결과에 기대함이 없이 행하는 사람은
선한 사람의 포기라고 말한다.

몸을 가진 자가 완전히 행위를 포기하는 것은 불가능하다.
그러나 행위의 결과를 포기한 사람은 포기한 존재로 불린다.

나란 이기적인 관념으로부터 벗어난 사람과
그의 이성이 오염되지 않은 사람은
이 세상 사람들을 죽인다 하더라도 죽인 것이 아니며
거기에 속박되지도 않는다.

모든 존재들 안에 하나의 불변하는 상태
분리되는 것 안에 분리되지 않는 지식은 선이 되는 것을 알라.

행동의 길과 포기의 길을 알고 옳고 그른 것을 알며
두려움과 두려움이 없는 상태를 알고 속박과 해탈을 아는 것은,
오 파르타여, 그것은 선이라고 한다.

요가를 통하여 마음과 호흡과 감각의 기능들이 제어되며
그것으로 인한 확고함은, 오 파르타여, 그것은 선한 것이다.

각자의 의무에 헌신하는 사람은 최고의 완전함을 성취한다.
자신의 의무에 속한 자는 완전함을 성취하니,
그대는 그것에 대해 들어라.

고독함 속에 거하며 적게 먹으며 말과 몸과 마음을 정복하고
언제나 명상과 집중에 잠겨 평정함으로.

헌신으로 인해 진리 안에서 나를 아는 자는
내가 무엇이며 내가 누구인지 진리 안에서 나를 알고
즉시 내 안에 들어온다.

모든 행동을 포기하라, 그리고 내 안에서 홀로 안식을 취하라.
나는 모든 죄로부터 자유롭게 할 것이며 슬프지 않게 할 것이다.

『바가바드 기타』의 마지막 장인 18장은 가르침의 결말이다. 크리슈나는 아르주나에게 2가지의 포기를 말한다. 하나는 욕망에 기인한 행위의 포기고, 또 하나는 마땅한 행위에 대한 결과의 포기다. 이같은 '행동의 길'과 '포기의 길'을 바로 알고, 집착이라는 속박과 내버림의 해탈을 아는 것이 선(善)이라고 일러준다.

행위의 길은 이생에서 각자에게 주어진 고유한 의무(스바다르마)다. 각자에게 주어진 '우주적 몫'이라고 하는 고유한 의무에는 국가적 의무(스와데슈 다르마), 공동체적 의무(스바자티아 다르마), 그리고 시대적 의무(스바칼리나 다르마)가 모두 포함된다.[20] 누구도 대신해줄 수 없는 오롯한 나의 몫이다. 오직 나만이 할 수 있는 나의 의무

가 무엇인지를 바로 알기 위해서는 '나다운 것'이 무엇인가를 생각해야 한다.

72억이 넘는 전 세계 인구 중에서 나와 같은 사람은 단 한 명도 없다. 이 사실을 어떻게 받아들어야 하나? 붓다가 태어나자마자 일곱 걸음을 걸은 뒤 선언했다는 말이 절로 실감이 난다. 천상천하 유아독존, 하늘 위 하늘 아래 오직 나만이 홀로 존귀하다는 대 선언이다. 여기에서 '오직 나'란 우리 모두의 속에 있는 '초개인적 자아 transpersonal self', '참된 자아', '우주적인 나'다. 역사나 개인을 초월한 보편적 실재로서의 '나'가 이 우주에서 그 어떤 것보다 존귀하다는 뜻이다.[21]

'나'는 이처럼 고귀하고 영광스러운 존재다. 부유하든 가난하든, 이른바 학벌이 좋든 아니든, 현실의 수많은 자질구레한 조건들은 나의 본질을 이루는 존재가치 자체에는 티끌만큼도 영향을 미칠 수 없다. 마치 육조 혜능이 오조 홍인대사로부터 "영남에서 온 오랑캐"라는 말을 듣고는, "사람에게는 남북이 있으나 불성에는 남북이 없다."고 한 것과 마찬가지다.

지구가 하나이듯 나도 하나이고, 태양은 그런 나를 끝없이 비추고 있다. 작은나에 속아 움츠러들 일이 아니다. 그것이야말로 사탄의 속임수에 넘어가는 일이다. 큰나를 알면 당당해지고 행동의 결과에 연연하지 않고 질서정연하게 운행하는 우주의 그러함에 턱 내어 맡기는 삶을 살 수 있다. 이쯤 되면 욕망에 이끌리는 행동의 포기도, 행위에 따르는 결과의 포기도 숨 쉬듯 자연스러울 뿐, 애쓰거나 수고로운 일이 아니게 된다. 이런 내가 여기 있는데 어디 가서 길을 찾고, 진리를 구하며, 생명을 얻을 수 있다는 말인가. 그 무엇으로도 대체할 수 없는 '나'가 아무런 부족함 없이 이미 내 안에 구족되어 있는데 말이다.

그러하기에 나의 '우주적 몫', 의무(스바다르마)는 내가 누구인가를 참으로 아는 일이다. 남들이 듣지 못하는 것을 들을 수 있고, 보지 못하는 것을 볼 수 있는 '성인'이 되는 일이다. 이 의무를 달성한 이를 '깨달은 이', 붓다라 한다. 이 일이 경전 속의 이야기가 아니라 내 일이 될 때 우리는 나와의 전쟁에서, 세상과의 전쟁에서 진정으로 성공하는 승리자가 된다. 태어난 보람을 만끽하며 죽어도 여한이 없는 삶이 된다. 인생의 가장 고상한 목적인 온갖 '매달림에서의 벗어남(懸解)', 해탈, 목샤가 실현되는 것이다.

큰나에 대한 큰 믿음, 이것이야말로 고대 지혜의 경전 『바가바드기타』가 우리에게 주는 놀라운 메시지다.

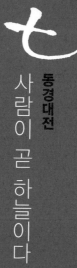

七

동경대전

사람이 곧 하늘이다

이 큰 돈을
개인적인 소망이나 빚도,
기복에 매달리는 작은 일에
쓰지 말라

『동경대전(東經大全)』은 『용담유사(龍潭遺詞)』와 함께 19세기 중엽 우리 땅에서 발아한 우리 사상 '동학(東學)'의 핵심경전이다. 이 둘은 모두 동학의 창시자 수운 최제우가 제자들을 위해 직접 지은 것이다. 전자는 한문으로 쓰인 것으로 '동학의 경전을 모두 모아 엮은 책'이라는 의미고, 후자는 한글 가사체로 된 글을 모은 '용담의 수운 선생이 남긴 가사'다.

『동경대전』은 「포덕문(布德文)」, 「논학문(論學文)」, 「수덕문(修德文)」, 「불연기연(不然其然)」의 네 편으로 구성되어 있다.

「포덕문」은 '덕을 펴는 글'이다. 1860년 교조인 수운이 하늘님[1]으로부터 영감을 받은 과정과 깨달음을 이룬 내용을 선언적으로 담고 있다. 「논학문」은 '동학을 논한 경문'이라는 뜻으로 천지창조의 다함이 없는 운수와 천도의 이치를 설명하고 있다. '지기금지(至氣今

至) 원위대강(願爲大降) 시천주(侍天主) 조화정(造化定) 영세불망(永世不忘) 만사지(萬事知)'라는 21자의 주문과 해석, 서학에 대한 비판, 동학의 교리와 사상의 우수성을 문답형식으로 서술하고 있다.

「수덕문」은 '덕은 닦는 일(수덕)'에 힘쓸 것을 당부한 경문이다. 동학의 수도법으로 마음을 맑게 하고 기운을 깨끗이 지켜야 한다는 수심정기(守心正氣)와 수도하는 자세로서 정성과 공경, 믿음을 강조하고 있다. 수운 선생의 마지막 글로 알려진 「불연기연(不然其然)」은 매우 철학적인 내용이다. '기연'은 '그렇다'라는 뜻으로, 눈에 보이는 현상을 논한다. '불연'은 '그렇지 않다'라는 의미로, 보이지 않지만 생명 현상의 근원이 되는 차원을 말한다.

동학은 그 교지가 시천주 신앙에 기초하면서도 보국안민(保國安民)과 광제창생(廣濟蒼生)을 내세운 점에서 민족적이고 사회적인 종교다. 1894년 농민운동에 큰 영향을 끼쳤으며, 1905년 3대 교조인 의암 손병희에 의해 '천도교(天道敎)'로 개칭, 현재에 이르고 있다.

도올 김용옥은 동학이야말로 명실공한 우리나라 근대성의 기점이라 일갈하고, 우리 민족에게 진정한 바이블이 있다면 오직 『동경대전』이 한 책을 꼽을 수 있다고 강조한다. 그의 말대로 『동경대전』을 눈앞에 두고 옷깃을 여민다.

『경전 7첩 반상』에서는 오심즉여심(吾心卽汝心), 시천주, 불연기연, 물위심급(勿爲心急), 부지(不知)라는 『동경대전』의 핵심어들을 중심으로 동학의 참뜻을 음미해 본다.

吾心卽汝心 내 마음이 곧 네 마음

선비들이 다시 물었다. "'내 마음이 곧 네 마음'이라는 '오심즉여심(吾心卽汝心)'은 한울님 마음이 곧 사람의 마음이라는 가르침입니다. 사람의 마음이 한울님 마음인데, 어찌하여 사람의 행함에 선(善)과 악(惡)의 구별이 있습니까?"

내 대답하기를, "한울님은 귀한 사람이 되고 천한 사람이 되는 준표(準標)만을 정해줄 뿐이다. 또한 사람이 살아가면서 겪는 고락(苦樂)의 이치만을 정해 줄 뿐이다. 그러나 군자의 덕은 기운이 바르고 한울님 마음을 변함없이 실천하는 삶을 살아가고, 그러므로 천지와 더불어 그 덕이 합일된다. 소인의 덕은 기운이 바르지 않고 마음이 이리저리 바뀌는 까닭으로 천지와 더불어 그 명이 어긋나는 것이다. 세상 사람들이 이와 같은 군자의 덕을 쌓느냐, 그렇지 않으면 소인의 삶을 사느냐에 따라, 이 세상이 성운을 맞이하느냐 쇠운을 맞이하느냐가 결정된다. 이러함이 성운과 쇠운이 갈아드는 그 이치인 것이다."

선비들이 다시 묻기를, "세상의 사람들이 어찌하여 한울님을 공경하지를 않습니까?"

내가 대답하였다. "죽음에 임하여 한울님을 부르는 것은 사람들의 일반적인 마음이다. 그렇게 하는 것은 사람의 명(命)이 하늘에 달려 있기 때문이다. 사람의 명이 하늘에 달려 있고, 또 하늘이 모든 사람들을 내셨다는 것은 이미 옛 성인들이 말씀한 것으로, 오늘까지 전해진다. 그러나 사람들은 과연 하늘이 만물을 낳았는가 혹은 그렇지 아니한가 하고 의심하며, 확신하지 못한다. 그것은 그 상세함을 알지 못하였기 때문이다.

다시 물었다. "도를 비방하고 또 훼방을 하는 사람들은 어찌하여 그렇습니까?

대답하기를 "혹 그럴 수도 있다."

묻기를 "어찌하여 그렇게 할 수 있습니까?"

대답하기를 "우리 도는 지금도 듣지 못했고 옛날에도 듣지 못했던 일이요, 지금의 무엇과도 비교할 수 없고 옛날의 어느 것과도 비교할 수 없는 법이기 때문이다. 마음으로 잘 닦는 사람은 겉으로는 아무것도 드러나지 않아 허(虛)한 듯하나 스스로 마음에 깨닫고 체득하는 바가 있어 실지가 있는 것이요, 다만 이것저것 듣기만 하는 사람은 겉으로 아는 것이 많은 듯하지만 마음으로 체득하는 바가 없어 사실은 허한 것이다."[2]

『동경대전』의 「논학문」에 담긴 글이다. 학(學)은 '동학(東學)'을 지칭한다. 논학문이란 동학의 가르침이 무엇이며, 서학과 동학이 궁극적으로 어떻게 다른지를 밝히는 글이다. 동학은 "도(道)로서 말하면 하늘로부터 받았기 때문에 천도(天道)요, 학으로서 말한다면 동쪽, 즉 조선 땅에서 받았기 때문에 동학"이라고 하여, 하늘 길을 밝히는 우리나라 학문이다. '동학'이라는 용어가 처음으로 나오기 때문에 이 경편을 「동학론」이라고도 한다.

1860년 수운 최제우는 '내림(降靈)' 체험을 통해 하늘님으로부터 무극대도(無極大道), 즉 천도의 가르침을 받았다. 홀연히 득도한 후 1년 여간 깨달음을 안으로 더욱 공고히 하는 보림(保任)을 거치고 「포덕문」과 「논학문」을 연이어 집필하며 대중을 상대로 덕을 펼치기 시작했다. 이때 『동경대전』과 『용담유사』 등 주요 경전을 발간하고, 동학의 교의를 체계화한 2대 교조 해월 최시형이 입도한다. 19세기 중엽 당시 유불선은 물론, 서학과 민간신앙까지 포괄해 이 땅의 새로운 생명 사상으로 떠오른 동학은 일거에 민중들의 마음을 사로잡았다.

동학은 "임금이 임금답지 못하고, 신하가 신하답지 못하며, 아비가 아비답지 못하고, 자식이 자식답지 못하던" 세상을 안타깝게 여기던 민중의 귀의처가 되었고, 수운은 그런 민중의 마음을 위로해 주는 신인(神人)이자 진인(眞人)이었다.[3] 혼란하기 그지없는 시대 상황 속에서 '다시 개벽'하는 새 시대를 예견하고 귀천은 물론, 남녀

차별을 철폐하는 평등사상과 없는 자와 있는 자, 지식이 많은 자와 지식이 없는 자, 특별한 재주가 있는 자와 없는 자들이 서로 베풀고 나누도록 가르치는 유무상자(有無相資)의 실천적 가르침은 흩어진 민중을 하나로 모으기에 충분했다.

동학은 그저 믿기만 하면 되는 수동적이고 종속적인 신앙이 아니라 스스로 배우고 실천해 가는 길이자, 학문이었다. 이 점이 동학이 다른 종교와 구별되는 특징이다. 동학을 '믿는다'고 하지 않고 '한다'고 표현하는 이유가 여기 있다. 수많은 민중들의 능동적이고 주체적인 참여로 세를 확장한 동학은 30여 년 후 갑오동학혁명의 이념적 기반이자, 조직적 기틀이 되었다.

수운의 평등사상은 사람과 사람을 나누는 지벌과 가세, 문필의 벽을 허물 뿐만 아니라 인간과 하늘님과의 관계마저 높낮음으로 보지 않는 절대 평등이다. 신분을 비롯해 남녀, 어른과 아이 등 일체의 불평등을 넘어서 '누구나' 정성과 믿음으로 도덕을 완성할 수 있으며, 사람뿐만 아니라 자연에도 그 존재의 깊은 본심에는 하늘님이 있음을 선포하는 것이다.

'오심즉여심', '내 마음이 곧 하늘님 마음'이라 함은 모든 존재의 수평적 관계와 수직적 관계를 하나로 아우르는 대 평등에 대한 깨달음의 일갈이다. 평등이 구현된 이상사회를 수운은 '동귀일체(同歸一體)', '만법귀일(萬法歸一)'이라고 표현했다.

동귀일체란 우주만물이 한몸으로 돌아가는 통일성을 의미한다.

'혼원한 하나의 기운(混元一氣)'이 우주만물을 하나로 관통하고 있다는 뜻이다.[4] '오심즉여심'이라고 하는 합일체험, '무궁한 이 울 속에 무궁한 나'[5]를 자각하는 비이원성의 깨달음에서 '사람이 곧 하늘님'이라는 '인내천(人乃天)'과 '사람을 하늘님처럼 섬기라'는 '사인여천(事人如天)'이라는 동학의 핵심 가르침이 펼쳐진다. 모든 것을 하나로 보는 동학의 평등사상은 사람을 넘어 사물을 공경하는 '경물(敬物)'사상으로 확대된다.

> 인간은 자기 안에 모셔진 한울님의 본성, 즉 신령성을 자각·회복·실현함으로써 스스로 성화된 인격체로 승화될 뿐만 아니라, 민족과 인류 그리고 전 생명계를 구하고 살리는 도덕적 힘을 갖게 된다.[6]

이런 자각을 통해 이웃과 민족과 인류 그리고 자연계를 '살리는' 살림운동을 전개하는 것, 동학은 이것 역시 우리 인간이 해야 할 최대 과업이라 보았다.[7] 신과 인간과 자연의 조화로운 관계를 강조하는 동학의 가르침은, 불평등이 극대화되고 생태계 파괴가 전 지구의 생존을 위협하고 있는 바로 지금, 우리 시대에 새롭게 조명되어야 할 절실한 기별이다. '하늘의 큰 이치를 두려워하고(敬天)', '돈보다 사람을 귀히 여기며(敬人)', '만물을 공경하는(敬物)' 우리의 선한 정신이 다시 일깨워져야 할 때다.

侍天主 사람이 한울님을 모시고 있다

선비들이 다시 묻기를 "주문(呪文)의 뜻은 무엇입니까?"

대답하기를, "한울님을 지극히 위하는 글이 바로 주문이다. 그러므로 한울님께 기원하고 또 청원한다는 의미의 주(呪)를 써서, 주문이라고 말한 것이다. 이러한 주문은 옛사람도 사용했고, 지금사람도 자기 생활 속에서 사용하고 있다."

묻기를 "강령(降靈)의 글은 어찌하여 그렇게 되는 것입니까?"

대답하기를 "'지(至)'라는 것은 지극히 큰 것을 말한다.

'지기(至氣)'는 지극히 커서 그 시작과 끝을 가늠할 수 없기 때문에 빈 것과 같고, 한울님의 영기(靈氣)로서 우주만유의 생명이며, 생명의 근원이 되는 것이다. 또한 우주에 가득 차 있으며 만리만사(萬里萬事)에 간섭하지 않는 것이 없으며, 우주만상에 그 명(命)을 부여하지 않은 것이 없다. 그러나 형상이 있는 것 같으나 형용하기 어렵고, 들을 수 있는 것 같으나 보기가 어려운 것이나, 이것 역시 만물의 원기인 혼원한 기운이 하나로 이루어진 것이다.

'금지(今至)'는 입도(入道)하여, 비로소 한울님 기운을 접하고 또 한울님 기운을 스스로 체험하는 것을 말한다.

'원위(願爲)'는 무엇이 이루어지기를 청하여 비는 것이다.

'대강(大降)'은 한울님 무궁한 기운과 나의 기운이 융화일체(融化一體)가 되기를 바라는 것이다."

'시(侍)'는 안으로는 한울님의 신령(神靈)한 마음을 회복하고(內有神靈), 밖으로는 한울님의 무궁한 기운과 융화일체를 이루고(外有氣化), 이 세상 사람들이 이러한 경지를 깨달아 그 마음을 변치 않으며, 이를 실천해 나아가는 것(各知不移)을 말한다. '주(主)'는 한울님을 높여 부르는 말로서, 우리가 우리를 낳고 또 키우신 부모님을 섬기듯이 한울님 섬김을 의미한다.

'조화(造化)'는 무위이화(無爲而化), 곧 '함이 없이 저절로 되는 자연의 작용과 같은 한울님의 힘'을 말한다. '정(定)'은 한울님의 덕(德)과 나의 덕이 합일(合一)이 되므로 내 안에서 회복한 한울님 마음을 지키고 실천하는 경지에 이르렀음을 말한다.

'영세(永世)'는 사람의 일생이다. '불망(不忘)'은 늘 한울님 생각하는 마음을 지니고 살아감을 말한다. '만사(萬事)'는 수(數)의 많음을 말한다. '지(知)'는 한울님의 무궁한 도를 깨닫고, 깨달음을 통하여 한울님 가르침을 받는 것을 말한다.

그러므로 한울님의 덕(德)을 밝히고 밝혀, 잠시도 한울님 모앙(慕仰)하는 마음을 잃지 않고 염념불망(念念不忘)하면, 지기(至氣)에 지극히 화(化)하여, 지극한 성인(聖人)의 경지에 이르게 된다.

동학에는 하늘님과의 합일 체험을 할 수 있도록 이끄는 실천적인 수행 방편들이 있다. 주문을 외우고(念誦), 마음을 고하고(心告), 이치를 관하고(觀法), 경전을 공부하는(讀經) 것 등이다. 이중 수운이 직접 한울님으로부터 받았다고 하는 스물한 자의 주문 염송은 가장 중시하는 수행이다. 수운은 "열세 자 지극하면 만 권 시서 무엇 하며 심학이라 하였으니 불망기의하였어라."고 하여 주문만 열심히 외워도 누구나 현인군자가 될 수 있다고 했다.[8] 동학의 주문은 마음을 지키고 기운을 바르게(守心正氣) 하기 위한 글이며, 하늘님과 하나 되기 위한 절차와 도법을 담고 있다.

지기금지 원위대강 시천주 조화정 영세불망 만사지

至氣今至 願爲大降 侍天主 造化定 永世不忘 萬事知

지극한 기운이 지금 여기에 크게 내리기를 원하옵니다.

하늘님 모시니 조화로 마음이 정해지고

언제나 잊지 않으니 만사가 다 알아지네.[9]

수운은 스물한 자를 풀이하고 "그 덕을 밝혀, 잠시도 마음을 잃지 않고 한울님을 앙모하면 지기에 화하여, 지극한 성인의 경지에 이르게 된다."고 하여 주문이 지니고 있는 가치를 무한한 것으로 보았다. 해월은 "주문 삼칠자(三七字)는 대 우주·대 정신·대 생명을 그려낸 천서(天書)"라고 하며, "시천주 조화정은 만물 화생의 근본을, 영세불망 만사지는 사람이 먹고 사는 녹의 원천을 밝힌 것"이라고 풀이했다. 『동경대전』에서는 동학의 주문은 앞선 세상(先天)의 동물성을 극복하고 나중에 열릴 세상(後天)에서 영생하게 하는 불사약(不死藥)이라고 밝히고 있다.

특기할 만한 게 있다면 주문에 들어 있는 모든 글자들의 뜻을 조목조목 풀이하는데 유독 한 글자, '천(天)'에 대한 해석은 빠뜨리고 있다는 점이다. 궁극적 실재이자 존재의 바탕을 의미하는 하늘에 대해서는 무어라 표현할 수가 없기 때문일까? 이 부분은 "도라고 할 수 있는 도는 영원한 도가 아니다."라는 표현으로 도의 본질을 에둘러 말하는 『도덕경』1장 첫 절을 떠오르게 한다. 언어로 말할 수 있는 하늘님은 참 하늘님이 아니다.

우주가, 그리고 그 안에 있는 모든 것이 존재하도록 하는 무엇, 그리고 그것이 움직이도록 하는 기본 원리, 그것으로 말미암지 않고는 아무것도 존재하거나 움직일 수 없는 우주의 기본 원칙 같은 것, 그런 의미로서의 'The Way', 그런 의미로서의 '궁극 실재'라 생각해 볼 수 있다.[10]

정신을 모아 일념으로 염송하는 수행은 '주문명상'이다. 이 같은 집중이 깊어질 때 나와 너, 안과 밖의 이원성을 넘어서는 다른 차원에 도달하게 된다. 그곳에서 '하늘님 마음이 내 마음', '네 마음이 내 마음'이 되는 체험을 하게 되는 것이다. 하늘님이라고 하는 궁극 실재를 이해하는 것은 나와 온 천지가 하나로 연결되는 체험으로 사람의 언어로 한정할 수 없는 지경이다. 말하지 않아도 들리고 알게 되는, '다른 언어'에 눈 뜨는 거듭남의 체험이다.

동학의 핵심이 이 주문 속에 들어 있다. '내 몸 안에 한울님을 모시고 있다.'고 하는 시천주 사상이다. 이는 내 속에 하늘의 신성이 있으며(內有神靈), 나의 생명력이 뭇 생명들과 연결되어 있음(外有氣化)을 각자가 깨달아 변함이 없어야 함(各知不移)을 뜻한다.

비교종교학자 오강남 교수는 동학의 신관을 "인격적이면서도 동시에 초인격적이고, 사람을 초월하여 존재하지만 동시에 사람 속에 내재하는 무엇"이라고 해석한다. 이런 신을 인격적으로 말할 때는 '한울님'이 되고 초인격적으로 이해할 때는 '지기(至氣)'가 되는 것[11]이라는 설명도 덧붙인다.

이 같은 동학의 신관은 '모든 사람이 한울님을 모시고 있다.'는 새로운 인간관을 낳는다. 지위가 높은 사람, 많이 배운 사람, 남자만이 아니다. '모든 사람'이다. 동학의 평등사상은 '사람이 곧 한울님'이라는 '인내천' 사상과 '사람을 한울님 모시듯 하라.'는 '사인여천'으로 승화된다. 나만 한울님을 모신 게 아니라 곁에 있는 사람, 이웃사람도 모두 한울님을 모신 사람이니 그들을 한울님 대하듯 하라는 가르침이다. 투쟁하고 갈등하는 선천 세상을 이런 신념으로 극복하고, 서로 존경하며 상생하는 후천 세상을 여는 것이 동학이 주창하는 '개벽'이다. 당시로서는 그야말로 천지가 개벽할 소리였다. 수운도 예수처럼 포교 세월이 길지 못했다. 득도 후 만 4년째 되던 1864년 41세의 나이로 기득권 세력에 의해 참형을 받고 순도했다.

개벽이 간절한 세상이다. 좀 더 인간다운 사회로 가기 위해 오늘이라도 작은 걸음을 떼고 싶다. 헐벗은 사람, 매일 곁에서 부대끼는 사람, 심지어 곱게 보이지 않는 사람마저 내 몸 아끼듯 귀하게 알고, 정중히 대하는 것이야말로 한울님을 만나는 첩경이 아닐까?

사람이 하늘이다.

不然其然 **그렇지 않음과 그러함**

전해오는 노래에 이러한 내용이 있다.

"예로부터 이 우주에 펼쳐져 있는 많고 많은 만물이여! 각기 이루어진 특성이 있고, 각각 서로 다른 형성을 지니고 있구나!"

삼라만상이 이루어진 외형만 보고 논한다면, 그 모양이 이렇고 저러함을 수긍할 수 있다. 그러나 그것이 어떻게 생겨난 것인가 하는 근원을 헤아려 본다면, 그 이치는 참으로 멀고멀다. 아아, 만물이 생성된 근원은 아득한 일이어서, 헤아리기 어려운 일이다.

'나'라는 존재가 세상에 태어난 이치를 생각하면, 나를 낳아주신 부모가 계시므로 이 세상에 태어났음을 알 수 있다. 또 내 뒤를 이어갈 후손들을 생각하면, 내가 부모로부터 태어났듯이 자손들 역시 나에게서 태어날 것임을 알 수 있다. 마찬가지로 앞으로 다가올 세상을 생각해 보면, 내가 이 세상에 태어난 이치와 다름이 없다. 이로써 지나간 세상을 헤아려 보면, 궁극적으로 처음 사람은 어떻게 이 세상에 나게 되었는가, 즉 누가 낳았는가 분간하기 어려워진다. 아아! 이와 같이 헤아려 봄이여! 현상이나 경험에 의거한다면 그렇다 하는 기연을 말할 수 있지만, 처음 사람은 어떻게 태어났으며, 또 처음 만물은 어떻게 생겨났는가 그 근원 문제를 헤아리면, 세상만사가 모두 알 수 없는 불연이 된다.

무릇 이와 같이 불연은 알지 못하는 것이므로 불연에 관해 말하지 않는다. 그러나 기연은 알 수 있는 것이기 때문에 마침내 기연만 믿는다. 이에 그 끝을 헤아리고 근본을 캐어 본즉 만물이 만물로 된 것과 이치가 이치 됨이 얼마나 크고 또 먼 것인가를 알게 된다.

이 세상의 어리석은 사람들이여! 하늘의 이치가 밝아져 후천의 새로운 세상이 열리는데, 어찌 이를 알지 못하는가, 어찌 알지 못하는가. 후천의 운수가 천운에 의해 정해진 지 벌써 몇 해인가. 운이 스스로 회복이 되고 있다. 고금(古今)의 변하지 아니함이여! 어찌 운이라 말하고, 어찌 회복이라 일컫는가.
아아, 만물의 불연(不然)이여! 불연을 잘 헤아려 밝히고, 또 기록하여 거울삼도록 하라.

이런 까닭에 경험이나 일반적인 식견으로는 이해하기 어려운 것을 불연이라고 말하는 것이요, 사람의 일반적인 견식으로 판단하여 이내 납득이가는 것을 곧 기연이라고 말한다.
아득히 먼 근원을 캐어 견주어 보면 불연, 불연이고 또 불연의 일이 되지만, 이 모든 불연의 일을 조물자(造物者)인 한울님 섭리에 부쳐서 헤아려 보면, 이 불연의 일도 모두 기연, 기연이고 또 기연의 이치가 된다.

「불연기연」은 수운이 집필한 마지막 글로 알려져 있다. 깨달은 이후에 덕을 펼치고, 동학이 무엇인가를 알리고, 수심정기로 덕 닦을 것을 논한 이후 펼치는 가장 형이상학적인 내용이다. 생멸하는 만물에는 2가지 측면이 있는데 하나는 보이고 알 수 있는 것으로 '그러함', 즉 기연이라 하고 다른 하나는 보이지 않고 알 수 없는 것으로 '그렇지 않음', 불연이라 말한다.

사계절이 어김없이 차례로 돌아오고, 말 못하는 갓난아기가 부모를 알아보고, 까마귀 새끼가 어미에게 은혜를 갚고, 제비가 어김없이 주인집으로 돌아오는 이 모든 것들의 이치는 무엇인가? 범속한 우리들의 알음알이로는 알 수 없지만 온 천하 만물이 절로 운행하는 이치가 그저 놀라울 따름이다. 헤아려 보면 우리 삶은 이런 허다한 기연들의 질서정연한 운행에 의지해 유지된다. 그런데도 우리는 마치 그 모든 작용들이 마땅하고 당연한 일인 양 가볍게 여긴다. 감사는 고사하고 놀람도 없고 궁금함도 없다. 누가 하는 일이며 왜 그리 되는 것인가 알 수 없다. 사량 분별로 결론지을 수 없는 온갖 현상들이 '불연'이다.

사회 규범이나 자연 현상 또는 일상적으로 접하는 현상의 궁극적 실재가 무엇인지 불연기연의 논리로 묻는다. 불연은 정말 '그렇지 않음', '알 수 없음'으로 끝나는 것들인가? 그렇지 않다. 모든 존재의 바탕이 되는 근원에 비추어 궁구하다 보면 '그렇지 않고, 그렇지 않고, 그렇지 않은' 것들이 '그렇고, 그렇고, 또 그러한' 이치로 알아진다. 삶이 참되기 위해서는 '그렇지 않음'은 반드시 풀고 가야 하는 인생의 숙제이기도 하다. 기준이 바뀌고, 인식이 전환될 때라야만 가능한 일이다.

나를 이해하는 기준, 세상을 보는 기준, 신을 인식하는 기준이 새로워질 때 눈앞에 펼쳐지는 온갖 알 수 없는 불연들이 일목요연한 기연으로 탈바꿈한다. 150여 년 전 수운 최제우가 그랬고, 멀리는 2000년 전 예수와 그보다 500여 년 앞서 붓다가 체험한 일들이다. 불연을 기연으로 바꾸는 수단의 하나로 불가에서는 '화두'를 참구한다. '화(話)'는 말이라는 뜻이고, '두(頭)'는 머리, 즉 앞서 간다는 뜻이다. 따라서 화두는 말에 앞선 것, 말 이전의 소식을 알아차리는 것이다.

선불교의 조사들이 만들어 낸 화두는 1,700여 가지가 있다. 이 가운데 잘 알려져 있는 것들이 '개에게는 불성이 없다(狗子無佛性)', '이 무엇고?(是甚麽)', '뜰 앞의 잣나무(庭前栢樹子)', '삼 서 근(麻三斤)', '마른 똥 막대기(乾屎橛)' 등이다. 이 가운데 '이 무엇고?' 화두는 내 몸을 움직이게 하는 참된 주인공이 무엇인가를 의심하는 것이다. 부모에게서 나기 전에 나는 무엇이었으며, 죽어서는 무엇이 되는지, 지금을 사는 나는 진짜 누구인지를 묻은 가장 실존적인 물음이다.

전통적으로 이런 화두를 가지고 공부할 때는 간절한 마음으로 마치 닭이 알을 품은 것과 같이 하며, 고양이가 쥐를 잡을 때와 같이 하며, 어린아이가 엄마를 생각하듯 하면 반드시 화두에 대한 의심을 풀어 깨달음을 얻을 수 있게 된다고 한다.

조선 중기의 고승 휴정은 『선가귀감』에서 "닭이 알을 안을 때에는 더운 기운이 늘 지속되고 있으며, 고양이가 쥐를 잡을 때에는 마음과 눈이 움직이지 않게 되고, 주린 때 밥 생각하는 것이나 목마를 때 물 생각하는 것이나 어린아이가 엄마를 생각하는 것은 모두가 진심에서 우러난 것이고 억지로 지어서 내는 마음이 아니므로 간절한 것이다. 참선하는 데 있어 이렇듯 간절한 마음이 없이 깨친다는 것은 있을 수 없는 일이다."라고 하였다.

화두를 푸는 경우와 같이, 불연을 알아차리는 일에는 잔꾀나 요령이 들어설 자리가 없다. 오직 간절한 마음뿐이다. 사막에서 오아시스를 찾듯 간절하고 정성스러움이 가득할 때 '큰 열림'이 있는 것이다. 그저 그렇고 그런 이 세상에 기대어 사는 데 그치지 말고, 만물의 근원을 널리 살피고 깊이 따져서 삼라만상이 저절로 돌아가는 이치에 대한 통찰을 얻으라는 수운의 유언 같은 마지막 당부다.

勿爲心急 **마음을 조급하게 갖지 말라**

산하를 뒤덮을 크나큰 운이 머지않아 모두 이 도로 돌아올 것이다. 이 도는 그 근원이 지극히 깊고, 그 이치가 매우 멀도다.

내 마음기둥을 굳게 해야만 진정 도의 맛을 알 수 있고, 한마음으로 도에 정진해야만, 모든 일이 한울님의 뜻과 같이 될 것이다.

흐린 기운을 쓸어서 없애고, 마치 어린아이 기르듯 맑은 기운을 길러야 한다. 한갓 마음을 지극하게 하는 것이 아니라, 오직 바르게 하는 것에 있다.

밝고 맑은 기운은 은은한 가운데 자연히 화하여 나오는 것이요, 앞으로 다가오는 모든 일들 역시 한울님의 한 이치로 돌아가게 될 것이다.

다른 사람의 작은 허물을 내 마음에 두고 논하지 말며, 비록 나의 작은 지혜라도 다른 사람에게 베풀 수 있어야 한다.

이 큰 도를 개인적인 소망이나 빌고, 기복에 매달리는 작은 일에 쓰지 말라. 일에 임하여 마음을 다하여 정성을 드리면, 자연한 가운데 도움이 있게 된다.
도를 닦은 결과는 그 사람의 기국(器局)에 따라 나타나는 것이다.
한울님의 현묘한 기틀이 쉬이 나타나지 않아도 마음을 조급하게 갖지 말라. 정진하여 공을 이루는 그날에 반드시 지상신선과의 좋은 인연이 있을 것이다.

마음은 본래 형상도 없고 또 보이지도 않는 것이다. 그러므로 마치 비어 있는 것 같아서 사물에 응하여도 자취가 드러나지 않는다.

그러나 형체도 모양도 없는 그 마음을 닦아야만 한울님이 우리에게 베풀어준 은덕을 알 수 있는 것이요, 한울님 덕을 밝히는 것이 바로 도이다.

도를 깨닫고 이룬다는 것은 한울님 덕에 있는 것이지 결코 사람의 인위적인 것에 의하여 이룩되는 것은 아니다.

믿음에 있는 것이지, 공부만 한다고 해서 이룩되는 것은 아니다. 가까이에 있는 것이요 멀리 있는 것이 아니며, 정성에 있는 것이지 구하는 것에 있는 것이 아니다.

만유가 화생하는 이치(不然)이나 만유가 화생되어 겉으로 드러난 현상(其然)이나 그 본원을 따져 보면 서로 같은 것이다.

그러므로 만물을 아우르는 근본 이치를 밝힌 도란 멀리 있는 것 같으나 결코 멀리 있는 것이 아니다.

'형체도 모양도 없는 그 마음'을 어떻게 단속하는가에 따라 삶은 행복도 되고, 고통이 되기도 한다. 집도 대들보가 튼튼해야 하듯, 삶 또한 마음기둥이 튼튼해야 안전하다. 동학은 주문 송독 외에 정성과 공경 그리고 믿음을 마음 닦는 기준으로 두고 있다. 수운은 『동경대전』에서 이 3가지에 대해서 다음과 같이 설명하고 있다.

올바르게 정성(誠)을 드리는지 알지 못하거든,
내 바른 마음을 잃지 않았는가를 헤아리라.
올바르게 공경(敬)하고 있는지를 알지 못하거든,
잠시라도 한울님 모앙하는 마음을 늦추지 마라.

나의 정성드림(誠)이 올바른가를 알지 못하는 것은,
스스로 자신이 게으르다는 것을 알아야 한다.
나의 공경(敬)됨이 어느 만큼이나 되는지 알지 못하거든,
내 마음이 몽매함을 두려워해야 한다.12)

윗글에 비추어보면 '성'이란 바른 마음을 잃지 않고 게으름을 피우지 않는 것이며, '경'은 한울님을 우러르고 사모하는 것이다. 즉 성은 한울님을 향한 변함없는 마음이며, 경은 그런 한울님을 외경하는 태도다. '신'은 이러하다.

우리 도는 마음으로 먼저 믿어야 한다. 굳게 믿을 때 올바르게 정성 드릴 수 있다. '믿음(信)'이라는 글자는 '사람(人)'과 '말씀(言)'이 합해진, '사람의 말'이라는 뜻이다. 사람의 말 중에는 옳은 말도 있고 옳지 않은 말도 있다. 옳은 말은 취하고 옳지 않은 말은 버려서, 거듭 생각하여 마음으로 정해야 한다. 한 번 정한 후 다른 말에는 조금의 흔들림도 없어야 하며, 나아가 믿지 아니하는 것이 바로 올바른 믿음이다. 이와 같이 닦으면 이내 그 정성을 이룰 수 있는 것이니, 정성과 믿음이라는 것이 도를 닦는 근본에서는 먼 것이 아니다. 사람의 말을 믿고, 또 그 믿음을 이루는 것이 정성이니, 먼저 믿음을 확립한 이후에 정성을 드려야 한다.13)

'사람의 말'을 뜻하는 믿을 신(信)은 쉽사리 현혹되지 않는 마음이다. 이런 굳건한 믿음이야말로 정성으로 외경할 수 있는 기본이다. 따라서 먼저 믿음을 세우고, 정성된 마음으로 한울님을 경외할 때 내가 한울님을 모신 큰 사람으로 거듭날 수 있다.

흥미로운 것은 이러한 일련의 수련을 "개인적인 소망이나 빌고, 기복에 매달리는 작은 일에 쓰지 말라."고 일침하는 대목이다. 마음 닦는 일이 자칫 본연의 의미는 잃어버리고 속되게 몸치장하는 일로 어긋나 그르치고 마는 잘못을 일깨우고 있다.

성경도 "사람이 떡으로만 살 것이 아니요 하나님의 입으로부터 나오는 모든 말씀으로 살 것이라.(마태 4:4)"고 했다.

불가의 초발심자경문(初發心自警文)은 이렇게 말한다. 삼일수신천재보(三日修身千載寶)요, 백일탐물일조진(百日貪物一朝塵)이라. "삼일 닦은 마음은 천년의 보배요. 백년 탐한 재물은 하루아침에 티끌이다."는 의미다. 마음 살피는 일의 위중함을 잘 보여주는 경문들이다.

또 하나, 조급함을 경고하고 있다. 믿음과 정성과 외경의 결과는 고스란히 그 사람의 도량에 따라 나타난다. 물을 알려면 깊은 물 속으로 몸통은 물론 머리까지 잠기게 푹 담가야 한다. 고작 발목까지 오는 물가에서 발 한쪽만 넣었다 뺐다 하면서 물의 성질을 온전히 체험할 수는 없다. 어디 그뿐인가. 그 찰랑거리는 물에서 "수영이 안 된다.", "나는 왜 이렇게 수영에 진전이 없느냐."고 불평을 한다. 하나를 건네고 열을 받으려는 심사와 다르지 않다. 조바심을 낸다고, 투정을 부린다고 될 일이 아니다. 또박또박 묵묵히 정진할 때 그에 걸맞은 성과는 물론이고 공부를 진전시켜 줄 선인과의 인연도 얻는다. 마음 다함mindfulness 수행으로 잘 알려진 틱낫한 스님은 "차를 마시듯" 느리고 천천히 살아 보라 한다.

일하다가 휴식 시간이 되어 커피를 꿀꺽꿀꺽 마시듯 차를 그렇게 마시면 안 됩니다. 천천히, 그리고 경건한 마음으로, 마치 차가 온 지구가 돌고 있는 축이라도 되는 것처럼, 그렇게 천천히, 한결같은 속도로, 미래를 향해 서두름이 없이 마시기를 바랍니다. 실제적인 순간을 사십시오. 그런 실제적인 순간만이 생명입니다.[14]

우리는 비행기나 KTX 등으로 어디든 순식간에 닿을 수 있고, 컴퓨터, 스마트폰을 통해 세계 각 곳의 정보를 거의 실시간으로 확인할 수 있는 광속의 시대를 산다. 그런데 이렇게 빨라지고 편리해졌음에도 왜 사람들은 더 바쁘고 힘들어진 것일까. 바뀐 신호를 잠시라도 놓쳤다가는 빨리 가지 않고 뭐하고 있느냐 질책하듯 자동차 클랙슨들이 합주를 한다. 무슨 일이든 어서어서 해치우지 않으면 안 되는 조급함이 우리 삶의 일상이 되었다. 이 일을 하면서 마음은 저 일로 배회하고, 이 사람을 앞에 두고 마음은 다른 사람을 향한다. 누구라 할 것 없이 현대를 살아가는 우리 모두의 자화상이다.

지금에 머물지 못하고 흩어진 마음으로는 영원히 생생한 삶을 살지 못하고, 후회와 공상으로 일생을 낭비하게 된다. 과거에 붙들리고 미래에 저당 잡힌 삶에 쉼은 없다. 그래서 틱낫한 스님은 깊은 숨으로 지금 이 순간을 깊이 접촉하라고 한다. 마음을 다해 현존을 느끼면 어수선한 마음에서 해방이 되어 그 자리에 생기가 들어온다. 단지 호흡으로 이 순간을 의미 있게 사는 수행법은 이렇다.

숨을 들이쉬며, '나는 평안합니다.'
숨을 내쉬며, '나는 미소를 짓습니다.'
다시 숨을 들이쉬면서,
'나는 지금 이 순간에 머무르며, 이 순간의 경이로움을 압니다.'15)

진정으로 지금 여기에 머무르고, 지금 이 순간을 즐기는 일이야
말로 우리가 할 수 있는, 우리가 해야 하는 가장 중요한 일이다. 서
두르고 조급한 마음으로 이룰 수 있는 일은 없다. 오히려 느긋한 상
태에 있을 때 모든 일이 스스로 길을 찾고, 자리를 찾아 반듯하게
이루어진다. 애써 무언가를 하려 하지 말고 순간순간 깊이 호흡하
며 그저 현실이 다가오는 대로 살아보면 어떨까? 미소를 머금고.

不知 알지 못하거든

밝음(明)이 어디에 있는지 알지 못하거든,
멀리 구하지 말고 나를 닦으라.

덕(德)이 무엇인지 알지 못하거든
내가 어떻게 이 세상에 태어났는지,
그 이치를 헤어리라.

명(命)이 무엇인지 알지 못하거든,
내 마음의 밝고 밝음을 돌아보라.

도(道)가 있는 바를 알지 못하거든,

내 믿음이 한결같은가를 헤아리라.

올바르게 정성(誠)을 드리는지 알지 못하거든,

내 바른 마음을 잃지 않았는가를 헤아리라.

올바르게 공경(敬)하고 있는지를 알지 못하거든,

잠시라도 한울님 모양하는 마음을 늦추지 마라.

두려워하는(畏) 마음이 나에게 있는지를 알지 못하거든,

내 마음 씀이 지극히 공변되어 사사로움이 없는가를 생각하라.

마음(心)에 얻고 잃음을 알지 못하거든,

나의 마음 씀이 공심인지 사심인지를 살펴라.

*

밝음(明)이 무엇인지 알지 못하거든,

내 마음을 그 근원의 자리로 보내라.

한울님 덕(德)이 무엇인지 알지 못하는 것은,

말로 표현하고자 하나 방대하여 표현하기 어렵기 때문이다.

한울님으로부터 품부 받은 명(命)이 무엇인지 알지 못하는 것은,

주고받는 그 이치가 너무나 묘연하기 때문이다.

도(道)가 무엇인지 알지 못하거든,

내가 나됨이요 다른 것이 아님을 알아야 한다.

나의 정성드림이 올바른가를 알지 못하는 것은,

스스로 자신이 게으르다는 것을 알아야 한다.

나의 공경(敬)됨이 어느 만큼이나 되는지 알지 못하거든,

내 마음이 몽매함을 두려워해야 한다.

한울님 두려워하는(畏) 마음이 나에게 있는지를 알지 못하거든,

죄 없는 곳에서 죄 있는 듯이 해야 한다.

공변된 마음을 지녔는지 아닌지를 알지 못하거든,

어제의 잘못을 다시금 생각하고 반성하라.

『동경대전』 후반에 있는 「팔절(八節)」의 전문이다. 마음 밝히는 공부에 필요한 8가지 요결로, 전 팔절, 후 팔절로 짜여 있다. 앞선 명(明)·덕(德)·명(命)·도(道)의 네 항목은 우주 만유가 생성되는 근본이며, 이어지는 성(誠)·경(敬)·외(畏)·심(心)의 네 항목은 수련을 통해 한울님으로부터 품부(稟賦)받은 그 마음을 다시 회복하게

하는 덕목이다. 이 '여덟 절'은 동학 수행 과정에서 중요한 길잡이가 된다.[16)]

「팔절」은 시종 '~을 알지 못하거든' 하는 조건절과 '~하라'고 하며 그에 대응하는 가르침을 펴는 형식을 취하고 있다. 대구가 일정하게 반복돼 마치 시처럼 리듬감 있게 읽힌다.

무엇을 알아야 하는가? 네 가지 이치와 네 가지 마음자세를 알아차리라 한다. 제일 먼저 '명'이다. 세상 만물의 근원적 이치가 환해지는 밝음이다. 그 원리는 먼 데 있지 않고 내 안에 있으니 무엇보다 나 자신을 밝혀야 한다. 다음은 '덕'이다. 덕은 이 세상에 나를 있게 하고, 나뿐 아니라 온 천지에 펼쳐져 있는 한울님의 품성이다. 세 번째 이치는 하늘이 내게 내린 '천명'이다. 이는 처음에 말한 밝음을 통해 알아차릴 수 있다. 마지막은 하늘님의 존재방식이자 운행하는 섭리가 되는 '도'다. 모든 것들이 다 잘되고 있다는 확고한 믿음으로 도의 흐름을 알 수 있다.

이를 위해 우선 필요한 마음자세는 '정성'이다. 온 마음으로 정성을 다하고 있는지 헤아리고, 다음으로 한결같이 하늘님 사랑하는 마음으로 '공경심'을 늦추지 말며, 내 안에 사사로움이 없는가를 돌이켜 '외경'하는 마음을 갖고, 마지막으로 '공심'을 얻어야 한다.

이치도, 삶의 모양새도 모두 '한마음'에서 나고, 자라고, 변화하고, 사라진다. 나에게서 시작해 나에서 끝나는 세상이다. 때문에 나를 알면 하늘을 아우르고도 남음이 있다. 분석심리학의 창시자 칼

구스타브 융의 제자 마리 루이제 폰 프란츠는 "근대인에게 아직도 도전해 볼 가치가 있는 모험이 하나 남아 있다면 그것은 무의식적인 마음의 내부를 탐색하는 일일 것"이라고 말한다. 그런가 하면 융은 종교나 동양적인 수련이 아니어도 누구든지 원하기만 하면 아무런 도움 없이 혼자서 자기의 내적 중심에 도달하고, 무의식의 생생한 신비와 접촉하는 방법을 발전시킬 수 있다고 한다.[17]

융은 마음의 일부에 지나지 않는 '자아ego'와 구별해 마음의 주인이라고 할 수 있는 중심을 '자기Self'라 이름 했다. 여기서 '자기'란 명·덕·명·도와 같은 우주 만유가 생성되는 근본과 맞닿는 '내적 중심'을 의미한다. 인간은 스스로에게 이러한 내적 중심이 있다는 사실을 먼 옛날부터 직관으로 알고 있었다.

'자기'는 마음속에 존재하는 지도자적인 요소라고 정의할 수 있다. 이 자기는 의식적 인격과 구별된다. 우리는 꿈 연구를 통해서만 이것을 파악할 수 있다. 꿈이 제시하는 자기란, 인격의 끊임없는 발달 및 성숙을 도와주는 조정 기능의 중심이다. 그러나 이 마음의 좀 더 넓고 전체적인 양상은 처음에는 선천적 가능성으로만 나타날 뿐이다. 이 가능성은 평생 동안 아주 약간만 실현될 수도 있고, 거의 완전하게 발전할 수도 있다. 이 가능성이 발달하는 정도는 자기가 보내는 메시지에 자아가 기꺼이 귀를 기울이느냐 마느냐에 달려 있다. 나스카피 인디언은 '위대한 자'가 보내는 메시지에 순종하는 사람일수록 유익할 꿈을 더 많이 꾼다고 생각한다. 결국 이 선천적인 '위대한 자'는 자기를 무시하는 사람보다는 자기를 수용하는 사람의 내부에서 더 확실하게 현실화한다고 말할 수 있다. 그리고 이런 사람이 더욱 완전한 인간이 되는 것이다.[18]

융에 의하면 자기원형이 떠오르도록 도울 수 있는 조력자가 에고라고 불리는 '자아'다. 자아는 무한정 욕망만 따르는 존재가 아니라, 마음 전체를 의식화하고 현실화하는 역할을 보조한다는 것이다. 다만 이런 기능은, "자아가 의도적인 목표를 죄다 던져 버리고 더욱 깊고 근본적인 존재에 이르려고 할 때만 작용한다."고 설명한다. 의식의 확장을 향한 내적인 요청에 주의 깊게 귀를 기울이며 스스로를 내맡기는 일련의 과정을 융은 '개성화 과정'이라고 명명했다.[19]

과학과 마음의 융화가 논의되고 시도되는 21세기, 진정한 자기 실현이 무엇인지, 진정으로 알아야 하는 것이 무엇인지, 어떻게 살아야 할 것인지를 심리 분석이라는 렌즈를 통해 보는 것도 의미 있다. 『동경대전』은 밝음이 무엇이며, 하늘이 내린 명이 무엇인지 알지 못하면 멀리서 구하지 말고 "나를 닦고, 내 마음의 심연에 있는 밝음을 들여다보라."고 한다. 자기 안에 있는 무한한 힘과 그에 대한 확신을 갖고서. 이것이 믿음이다. 한 번도 본 적 없고 가본 적 없는 불모지를 향해 발을 내딛는 창조적인 행동이다. 이는 곧 "스스로를 등불 삼고(自燈明), 법을 등불 삼으라(法燈明)."고 한 붓다의 유언이며, "너희 아버지의 온전하심과 같이 너희도 온전하라."고 한 예수의 지상명령이기도 하다.

우리는 누구도 예외 없이 '온전한 사람'이 되기 위해 이 땅에 났다. 이것이야말로 사람 된 생명으로서 평생에 걸쳐 이루고 가야 할 본업이자, 진정한 유산이다. 빈손으로 왔다가 빈손으로 갈 수는 없다. 빈 몸으로 왔다가 거듭난 몸으로 가라는 것, 그것이 숱한 경전들이 수천 년을 거듭하며 입 모아 전하는 소식이다.

동학사상은 '한울'이라고 하는 인간 내면에 있는 신성을 발견함으로써 온전한 자아실현을 선언하고 있다. 이에 머물지 않고 한 걸음 더 나아가 뭇 생명과의 조화와 평화를 강조하는 우주적 일깨움은 동양과 서양, 과학과 종교를 통합함으로써 오늘날 지구상에서 빚어지고 있는 다양한 층위의 갈등을 극복하는 데 주효한 가르침으로 부각되고 있다. 안을 밝히고 밖과 화통할 수 있는 우리 학문이자 우리 정신, 바로 동학이다.

'위대한 나'를 만나기

누군가 미켈란젤로에게, 어떻게 피에타 상이나 다비드 상 같은 훌륭한 조각상을 만들 수 있었느냐고 물었다. 그러자 미켈란젤로는 "조각상은 이미 대리석 안에 들어 있습니다. 나는 필요 없는 부분을 깎아 낼 뿐입니다."라고 대답했다. 마치 우리 인간을 말하는 듯해 자꾸 곱씹게 되는 이야기다. 우리 속에 이미 존재하고 있는 '참사람'도 그렇게 모습이 드러나기를 기다리고 있는 것은 아닐까?

'그분'을 일러 힌두교에서는 브라만이라 하고, 기독교에서는 하느님이라 하고, 불교에서는 불성이라고, 동학에서는 한울님이라는 이름으로 부르고 있다. 각각의 이름은 편의를 위한 것일 뿐 그분에게는 이름이 필요 없다. 그러니 무어라 불려도 상관이 없다. 그저 내면에 있는 큰 존재의 있음을 알아차리고, 그로 인해 우리의 삶이 그분의 것처럼 유연하고, 빛나며, 사랑으로 가득차기를 염원할 따름이다. 삶은 이러한 비밀을 알아차리는 하나의 기회다.

여러 종교의 경전을 보는 것은 겉으로 드러나지 않는 내 속의 참사람을 비춰보는 일이다. 수백, 수천 년을 이어오며 결집된 경전들이 여느 책과 같을 수는 없다. 그 속에는 인류의 역사와 전통이 들어 있고, 수많은 상징과 이야기들이 있으며, 시대를 관통하는 슬기와 지혜가 담겨 있다. 더구나 옛날에는 누구나 읽을 수 있는 책이 아니었을뿐더러 아무나 가까이할 수도 없는 '성스러움' 자체였다. 성직자들의 전유물이었던 경전이 이제는 우리 가까이 있다. 원하는 사람이면 누구나 직접 읽고, 그 속에 담긴 가르침을 내 것으로 할 수 있다. 경전은 남녀노소 가림 없이 모든 이들에게 거저 주어진 보석이며, 열린 보물창고다. 널려 있는 '황금지혜'를 내 것으로 취하지 않는 것은 전 재산을 잃어버리는 것보다 더 큰 손해다.

종교학의 창시자 막스 뮐러는 "하나의 종교만 아는 사람은 아무 종교도 모른다."고 했다. 기독교를 불교에, 불교에 유교를, 유교에 힌두교를, 힌두교에 동학을 서로서로 비춰 보아야 장단점을 가려 알 수 있고, 무엇보다 각각이 지니고 있는 가르침의 진수를 더욱 깊고 의미 있게 체험할 수 있다. 유교에서 어려웠던 내용이 불교로 인해 풀릴 수도 있고, 불교적 언어를 통해 기독교의 진리가 한결 선명해질 수도 있다. 이는 그럴 수도 있고 아닐 수도 있는 것이 아니라 여러 경전을 두루 읽는 이라면 누구나 반드시 경험하게 되는 것이다. 지난 한 해 동안 지식협동조합 〈경계 너머 아하!〉의 일요경모임을 매주 함께 했던 길벗들의 한결같은 경험이자 고백이다.

그런 색다른 즐거움, 닫힌 마음에 빗장을 열어 주는 시원한 기쁨을 더 많은 길벗들과 나누고자 『경전 7첩 반상』을 마련했다. 필자가 차린 밥상은 그저 맛보기일 따름이다. 감히 그 어느 것 하나도 제대로 감당할 수 없지만 모든 경전이 참으로 귀하고 맛난 것임은 잘 알기에 주저 없이 '맛보기 밥상'을 차렸다. 이 책이 독자 여러분을 경전의 참맛에 눈 뜨게 하고, 헤아릴 수 없는 경전의 보고로 이끄는 안내자 역할을 할 수 있다면 큰 기쁨이다.

물리학자 베르너 하이젠베르크는 자연과 우주를 검증하려고 할 때마다 객관적 사실을 탐구하거나 발견하는 대신 자기 자신과 만나게 된다고 했다. 경전을 읽는 것도 마찬가지다. 그 속에서 새로운 나를 만나게 된다. 다만 문자에 붙잡히거나 걸려 넘어지지 말아야 한다.

『서유기』에는 손오공과 붓다의 재미있는 대화가 등장한다. 손오공이 붓다를 향해 불평을 한다. 말인 즉, 불경을 얻으려고 중국에서 온갖 고초를 겪으며 여기까지 찾아왔는데, 붓다의 제자 아난과 가섭이 아무것도 씌어 있지 않은 엉터리 책을 건네 주었으니 이런 것이 자기들에게 무슨 소용이 있냐는 것이다. 그러자 붓다가 미소를 지으면서 말한다.

"소리칠 필요 없다. 사실 그렇게 아무것도 씌어 있지 않은 두루마리가 진짜 경전이다. 사람들이 너무 어리석고 무지해서 이것을 믿지 않는다는 걸 알기 때문에, 그들에게 약간의 글이 쓰인 책을 줄 수밖에 없겠구나."

'아무것도 씌어 있지 않은 두루마리'가 진짜 경전이라니! 모름지기 경전이란 눈이 아닌 마음으로 읽어 내리는 것이니 기막히게 옳은 말이 아닐 수 없다. 그래서 불교에서는 '문자를 세워 말하지 말고(不立文字), 곧바로 사람의 마음을 가리키라(直指人心)'고 한다.

경전은 도구일 따름이다. 손가락을 달로 집착해, 읽는 정성스러움을 헛된 노력으로 만들어서는 안 된다. 부디 경전의 보고에서 한 층, 두 층 깊어지고 넓어지는 삶을 체험하기를. 그리하여 오랫동안 내 속에 갇혀 있던 '위대한 사람'과 조우할 수 있기를.

그 다음엔 '나의 경전'을 써내려가는 융숭한 삶의 주인이 되기를 기원하고 응원한다.

이 모든 과정이 순조롭기를.

주

프롤로그

1) 서로 학습하는 지식협동조합 〈경계너머 아하!〉는 2012년에 비교종교학자인 오강남 교수와 필자가 설립한 비영리단체이다. 종교라는 울타리를 비롯해 개인과 사회의 성장을 가로막고 있는 숱한 '경계'를 넘어서 확 트인 자유를 향해 인식의 확장을 도모하는 연대이다. '함께 생각하고, 함께 자라나며, 함께 나눔'을 모토로 매 학기마다 다양한 인문사회 강좌와 세미나, 이웃종교 탐방, 명상 등을 수행하고 있다. 소유에서 존재로, 사유에서 실천으로, 대립에서 보완으로 향하는 참살이 활동이다. www.njn.kr

나그네가 되십시오 도마복음

1) 오쇼 지음, 류시화 옮김『도마복음 강의』청아출판사, 2008
2) 오강남『또 다른 예수』예담, 2009.『경전 7첩 반상』의『도마복음』원문은 모두 이 책에서 인용함.
3) 오강남『세계종교 둘러보기』현암사, 2013 참조
4) 톰 버틀러보던 지음, 오강남 옮김『내 인생의 탐나는 영혼의 책 50』흐름출판, 2009. pp.224-225 인용
5) 석지현 역주『우파니샤드』일지사, 1997
6) 김용옥 지음『도올의 도마복음 한글역주3』통나무, 2010

간절함으로 스스로를 이루다 중용

1) 『한국민족문화대백과사전』한국학중앙연구원, 1991
2) 권중달 외 14인『동양의 고전을 읽는다』휴머니스트, 2006
3) 김용옥『중용 인간의 맛』통나무, 2011.『경전 7첩 반상』의『중용』원문은 모두 이 책에서 인용함.
4) 김학주 역주『大學 · 中庸』서울대학교출판부. 1995
5) 같은 책. p.186
6) 김용옥『중용 인간의 맛』통나무, 2011
7) 같은 책. p.90
8) 같은 책. p.91
9) 석지현 역주『우파니샤드』일지사, 1996
10) 김학주 역주『大學 · 中庸』서울대학교출판부, 1995. p.227
11) 김용옥『중용 인간의 맛』통나무, 2011. p.196
12) 같은 책. p.196
13) 김학주 역주『大學 · 中庸』서울대학교출판부, 1995. pp.227-228
14) 같은 책. p.284
15) 앙리 베르그송 지음, 이희영 옮김『웃음/창조적 진화/도덕과 종교의 두 원천』동서문화사, 2008
16) 마틴 부버 지음, 남종길 옮김『하시디즘과 현대인』현대사상사, 1994

그물에 걸리지 않는 바람처럼 숫타니파타

1) 법정 옮김,『불교 최초의 경전 숫타니파타』이레, 1999.『경전 7첩 반상』

의 『숫타니파타』 원문은 모두 이 책에서 인용함.

2) 법정 『홀로 사는 즐거움』 샘터, 2004

3) 웨인 다이어 지음, 오현정 옮김 『행복한 이기주의자』 21세기북스, 2006

4) 에리히 프롬 지음, 차경아 옮김 『소유냐 존재냐 TO HAVE OR TO BE』 까치, 1996

5) 같은 책 p.129

6) 신명기 6:5, 마가복음 12:30, 마태복음 22:37, 누가복음 10:27

7) 류시화 『하늘 호수로 떠난 여행』 열림원, 1997

8) 최준식 『죽음학 개론』 모시는사람들, 2013

9) 죽음학은 1908년 노벨생물화학상 공동 수상자 가운데 하나인 러시아의 생물학자 메치니코프(Elie Metchnikoff, 1854-1916)가 1903년에 출간한 『인간의 본성 The Nature of man』에서 '죽음학 Thanatology'이라는 용어를 쓰면서 시작되었다고 보고 있다. 한국의 경우 1991년 '삶과 죽음을 생각하는 회'가 창립되면서 '죽음학'에 대한 학문적 접근의 필요성이 일기 시작해 최근에는 '당하는' 죽음이 아닌 '맞는' 죽음을 위한 죽음교육이 조용히 대중성을 확보하고 있다. 유언장과 사전의료의향서, 연명치료 거부서 등을 미리 써두고자 하는 움직임이 확산되고 있다.

10) 공지영 『높고 푸른 사다리』 한겨레출판, 2013

11) 한국죽음학회 웰다잉 가이드라인 제정위원회 『죽음맞이』 모시는사람들, 2013

12) 같은 책 가운데 정현채 「죽음을 보는 의사의 시각」 중에서 p.105

13) 정채봉 『날고 있는 새는 걱정할 틈이 없다』 샘터, 2004

14) Samuelson, L(2004), Modelling Knowledge in Economic Analysis, Journal of Economic Literature, 42(2), 367-403

머물지 말고 흘러라 도덕경

1) 노자 원전, 오강남 풀이, 『도덕경』 현암사, 1995. 『경전 7첩 반상』의 『도덕경』 원문은 모두 이 책에서 인용함.

2) 같은 책, p.7

3) 박영호 역 · 저 『노자』 두레, 1998

4) 박영호 지음 『다석 류영모 어록』 두레, 2002

5) 켄 윌버 지음, 김철수 옮김 『무경계』 정신세계사, 2014. p.103

6) 김용옥 『노자와 21세기』 통나무, 2000

7) 욘게이 밍큐르 린포체 지음, 류시화 · 김소향 옮김 『티베트의 즐거운 지혜』 문학의 숲, 2009.

8) 석지현 역주 『우파니샤드』 일지사, 1997

9) 개역개정 『성경』 마태복음 6:31-33절.

10) 박영호 지음 『다석 유영모 어록』 두레, 2002

11) 오강남 풀이 『장자』 현암사, 1999. p.389

12) 이부영 『노자와 융』 한길사, 2012

13) 노자 원전, 오강남 풀이 『도덕경』 현암사, 1995. 제66장 중 발췌

14) 같은 책 p.53

15) 같은 책 p.201

어디에도 매이지 않는 마음으로 금강경

1) 작가 고은은 그의 저서 『내가 가는 금강경』에서 『금강경』을 일컬어 '대승의 처녀'라 표현하며, 때로는 사상으로, 때로는 그 사상의 부정으로 『금강

경』은 오늘에 이르기까지 우리에게 도저히 떼어놓을 수 없는 각성의 교과서
가 되었다고 말한다.

2) 고은『내가 가는 금강경』불지사, 1993

3) 각묵『금강경 역해』, 불교출판부, 1991.『경전 7첩 반상』의『금강경』원
문은 모두 이 책에서 인용함.

4) 같은 책, p. 27

5) 이기영 역해『금강경』한국불교연구원, 1978

6) 올러스 헉슬리 지음, 조옥경 옮김, 오강남 해제『영원의 철학』김영사,
2014

7) 전재성 역주『금강경-번개처럼 자르는 지혜의 완성』한국빠알리성전협
회, 2003. p.92

8) 서산 지음, 법정 옮김『선가귀감 깨달음의 거울』동쪽나라. 2003

9) 같은 책 pp.72-74

10) 같은 책 p.48

11) 인도신화에 나오는 왕으로 무력이 아닌 정의와 정법으로 나라를 다스
렸다 하여 전륜성왕(轉輪聖王)이라 한다. 서른두 가지 위인의 상을 갖추고
있으며 전통적으로 마우리아 왕조의 아소카왕이 세속의 전륜성왕으로 일컬
어진다. 불교뿐만 아니라 자이나교와 힌두교에서도 등장한다.

12) 틱낫한 지음, 양미성 김동원 옮김『탁낫한 스님의 금강경』장경각,
2004

13) 켄 윌버 지음, 김철수 옮김『무경계』정신세계사, 2014. p.84

14)『선가귀감』에 나오는 게송이다. "將謂無人이러니 賴有一個로다." 서산
지음. 법정 옮김『선가귀감 깨달음의 거울』동쪽나라, 2003

15) 달라이 라마 · 하워드 커틀러 지음, 류시화 옮김『달라이 라마의 행복
론』김영사, 2001

16) 에크하르트 톨레 지음, 류시화 옮김『삶으로 다시 떠오르기』연금술사, 2013

17) 서산 지음, 법정 옮김『선가귀감 깨달음의 거울』동쪽나라, 2003

18) 고은『내가 가는 금강경』불지사, 1993. p.334

나는 누구인가? 바가바드 기타

1) 윌프레드 캔트웰 스미스 지음, 김승혜 옮김『지구촌의 신앙』분도출판사, 1989

2)『바가바드 기타』를 줄여서『기타』라고도 한다.

3) 간디 해설, 이현주 옮김『평범한 사람들을 위해 간디가 해설한 바가바드 기타』당대, 2001

4) 자나르다나(Janardana)는 '헌신하는 이들의 열망을 성취하게 하는 자'라는 의미로 크리슈나(Krishna)의 다른 이름이다.『바가바드 기타』에는 크리슈나와 아르주나를 지칭하는 여러 이름들이 등장한다. 크리슈나의 다른 이름으로는 바가반(Bagavan) : 성스러움 · 자유를 얻은 자, 고빈다(Govinda) : 참 나를 아는 자, 케샤바(Keshava) : 긴 머리를 가진 자 · 삼계의 주인, 흐리쉬케샤(Herishkesha) : 감각의 주, 비슈누(Vishunu) : 모든 곳에 편재하는 신 · 보존의 신 등이 있다. 순수한 본성을 가진 자라는 의미의 아르주나(Arjuna) 역시 다난자야(Dhanajaya) : 부의 정복자, 판다바(Pandava) : 판두의 아들 등으로도 불린다. – 스리 브야사 지음, 박지명 옮김 · 주역『스리마드 바가바드 바가바드 기타』동문선, 2007 참조.

5) 스리 브야사 지음, 박지명 · 주석『스리마드 바가바드 기타』동문선, 2007.『경전 7첩 반상』의『바가바드 기타』원문은 모두 이 책에서 인용함.

6) 함석헌 주석『바가바드 기타』한길사, 1996. 이 책의 서문을 쓴 이거룡 교수의「거룩한 자의 노래」참조

7) 비노바 바베 지음, 김문호 옮김『천상의 노래』실천문학사, 2002

8) 문을식『비움과 채움의 미학, 바가바드기따』서강대학교출판부, 2012

9) 오강남『세계종교둘러보기』현암사, 2003

10) 석지현 역주『우파니샤드』일지사, 1996

11) 켄 윌버 지음, 김철수 옮김『무경계』정신세계사, 2014

12) 석지현 역주『우파니샤드』일지사, 1997. p. 35 참조

13)『바가바드 기타』, 2.48; 2.56-57; 3.19; 3.25-26. 문을식『비움과 채움의 미학, 바가바드 기따』서강대학교출판부, 2012. p.336 재인용

14) 같은 책. p.352

15) 오강남『세계종교 둘러보기』현암사, 2003. p.38.

16) 문을식, 앞의 책(2012). p.323

17) 오강남『종교, 심층을 보다』현암사, 2011. pp.202 이하.

18) 같은 책. p.207-208 참조

19) 석지현(1996). P.14

20) 비노바 바베 앞의 책(2002). p.497

21) 오강남,『불교, 이웃종교로 읽다』현암사, 2006. p.32

사람이 곧 하늘이다 동경대전

1) 최제우가 신비체험을 한 후 남긴 기록에 자기가 '흐늘님'을 만났다고 기록했다. 지금의 표기법으로 하면 '하늘님'이다. 그러나 현재 천도교에서는 이를 '한울님'으로 표기하는 것이 보통이다. 일부 천도교 저술가들은 그대로

'하늘님'이라는 표기도 사용하고 있다. 여기서는 이 둘을 섞어서 쓰기로 한
다.

2) 윤석산 역주 『동경대전』 모시는사람들, 2014. 『경전 7첩 반상』의 『동경대
전』 원문은 모두 이 책에서 인용함.

3) 박맹수 해설, 「동경대전」 편, 『고전해설ZIP』 지식을 만드는 지식, 2009

4) 오문환 「동학의 도덕적 평등주의」, 동학학회 편저 『동학과 동학경전의 재
인식』 신서원, 2001

5) 『용담유사』, 「흥비가」

6) 『경전으로 본 세계종교』 전통문화연구회, 2001. p.298

7) 오강남 『세계종교 둘러보기』 현암사, 2003. p.335

8) 김용휘(2011). p.93

9) 김용휘(2011). p.145

10) 노자 원전, 오강남 풀이 『도덕경』 현암사, 1995. p.21.

11) 오강남 『세계종교 둘러보기』 현암사, 2003. 「동학」 편 pp.334-335 인용.

12) 윤석산 역주 『동경대전』, 「팔절」 중에서 발췌 인용.

13) 윤석산 역주 『동경대전』, 「수덕문」 중에서 발췌 인용.

14) 틱낫한 『거기서 그것과 하나 되시게』 나무심는사람, 2002

15) 틱낫한 지음, 오강남 옮김 『살아계신 붓다 살아계신 예수』 솔바람, 2013

16) 윤석산(모시는사람들, 2014). p.113

17) 마리 루이제 폰 프란츠 「개성화 과정」, p.337. 카를 융 외 지음, 김양순
옮김 『인간과 상징』 동서문화사, 1987.

18) 같은 책, p.249 인용.

19) 같은 책, pp.249-250 참조

경전 7첩 밥상

1판 1쇄 찍음 2015년 2월 24일
1판 1쇄 펴냄 2015년 3월 10일

지은이 | 성소은
발행인 | 김세희
편집인 | 강선영
펴낸곳 | 판미동

출판등록 | 2009. 10. 8 (제2009-000273호)
주소 | 135-887 서울 강남구 신사동 506 강남출판문화센터 5층
전화 | **영업부** 515-2000 **편집부** 3446-8774 **팩시밀리** 515-2007
홈페이지 | panmidong.minumsa.com

도서 파본 등의 이유로 반송이 필요할 경우에는 구매처에서 교환하시고
출판사 교환이 필요할 경우에는 아래 주소로 반송 사유를 적어 도서와 함께 보내주세요.
서울 강남구 신사동 506번지 6층 민음인 마케팅부

ISBN 978-89-6017-940-0 03210

판미동은 민음사 출판 그룹의 자회사입니다.